MARABOUT *INFORMATIQUE*

Afin de vous informer de toutes ses publications, **marabout** édite des catalogues régulièrement mis à jour. Vous pouvez les obtenir gracieusement auprès de votre libraire habituel.

Jean-Paul Mesters

SOS
Grand débutant

MARABOUT

Les collections informatiques sont dirigées par ghéorghiï vladimirovitch grigorieff

Sommaire

Introduction

Tôt ou tard, débutant ou utilisateur expérimenté, face à l'ordinateur, on en vient à se poser quelques questions ou à émettre quelques interjections :

"L'ordinateur ne répond plus !"
"Qu'est-ce qu'il me veut avec ce message ?"
"Où est mon document ?"
"Ah ! Ca, c'est nouveau !"
"Cette #!!?&§... de machine est encore bloquée !"*
"Qu'est-ce qu'il a encore fait ?"
"Qu'est-ce que j'ai encore fait ?"
"Ah non ! Il ne va pas recommencer !"
"Il va bientôt exploser. Et moi aussi !"
"Qui a touché à mon ordinateur ?"
"Il ne peut pas parler français ?"
"Je suis perdu(e) !"
"Je n'y comprends rien"
"Je n'y comprendrai jamais rien"
"Les ordinateurs, c'est un truc d'homme"

Mais finalement la question fatidique revient toujours, tôt ou tard :

"Et maintenant, qu'est-ce que je fais ?"

Afin de ne pas être pris(e) au dépourvu, voici quelques conseils de base qui vous éviteront de perdre du temps à explorer des voies sans issue.

A ne pas faire ...

- S'énerver, taper sur le clavier et entamer la danse du scalp devant l'ordinateur.
- Ouvrir le dictionnaire de ses enfants pour essayer de comprendre le jargon informatique. C'est inutile : les dictionnaires de la langue française sont plus adaptés à Victor Hugo qu'à Bill Gates.
- Cliquer sauvagement n'importe où sans lire attentivement les messages.
- Lire le mode d'emploi qui était dans la boîte : tout y est expliqué sauf votre problème.
- Apserger l'écran d'eau bénite pour chasser le démon qui habite l'ordinateur.

A faire ...

- Lire les messages affichés, quand il y en a. Parfois, ils sont rédigés dans un langage compréhensible.
- Essayer de se souvenir de ce qu'on a fait juste avant que le problème ou le message n'apparaisse.
- Essayer de comprendre la logique informatique. Il existe, en effet, une structure et des procédures qui ont un lien entre elles.
- Envisager toutes les facettes du problème pour trouver LA SOLUTION. Ce livre vous y aidera.
- Consulter un dictionnaire informatique pour comprendre le jargon.

Avant de vous plonger dans la résolution des problèmes, affichez cette allégation juste à côté de votre écran :

Les ordinateurs ont une âme ... parfois !

Et maintenant, qu'est-ce que je fais ?

1

Pour vous aider à trouver rapidement une solution, essayez d'identifier quand et où le problème se manifeste pour vous rendre immédiatement à la section où vous risquez de trouver la solution.

Chaque problème est décrit avec le maximum de détails :

Les symptômes : lisez-les attentivement car un même problème n'a pas la même solution selon qu'il se produit à un moment ou à un autre, lorsque vous utilisez tel ou tel logiciel.

L'explication du problème : le pourquoi et le comment.

La procédure de dépannage point par point. Essayez chaque point numéroté l'un après l'autre dans l'ordre où ils sont mentionnés. Après chaque point, essayez d'exécuter l'action qui a engendré le problème. Si tout se passe bien, il est inutile de chercher plus loin et de continuer avec les procédures de résolution suivantes.

Notez que les problèmes et les procédures de résolution sont valables pour Windows 95, Windows 98 et (dans la plupart des cas) pour Windows NT.

Avec Windows, il existe souvent plusieurs moyens pour atteindre un même résultat. Un seul est expliqué dans ce livre : il n'est pas toujours le plus rapide mais il est toujours le plus sûr et fonctionnera quelle que soit la version de Windows que vous utilisez.

Attention

> Si le message affiché, si le problème décrit ne correspondent pas tout à fait à ce que vous voyez sur votre écran, soyez prudent. Vous ne risquez pas de casser l'ordinateur mais vous risquez de perdre des documents ou encore de devoir réinstaller Windows.

A la fin du livre

Si vous voyez un message qui ne vous semble pas très clair, voyez **l'index des messages**, à la fin du livre, où ils sont répertoriés par ordre alphabétique. Il est impossible de reprendre ici tous les messages qui peuvent vous être adressés par Windows ou une application mais les plus importants et les moins compréhensibles sont indiqués. Si **le clavier** vous semble bourré d'innombrables touches dont le rôle n'est pas encore très clair pour vous, voyez à la fin de ce livre : le clavier y est expliqué en détail.

Avant toute chose

Quelle version de Windows utilisez-vous ?

95, 98 ou NT ? Si vous l'ignorez, il y a moyen de le savoir. Cliquez sur le bouton *Démarrer* puis sur *Paramètres* et enfin sur *Panneau de configuration*. Cliquez deux fois sur l'icône *Système*.

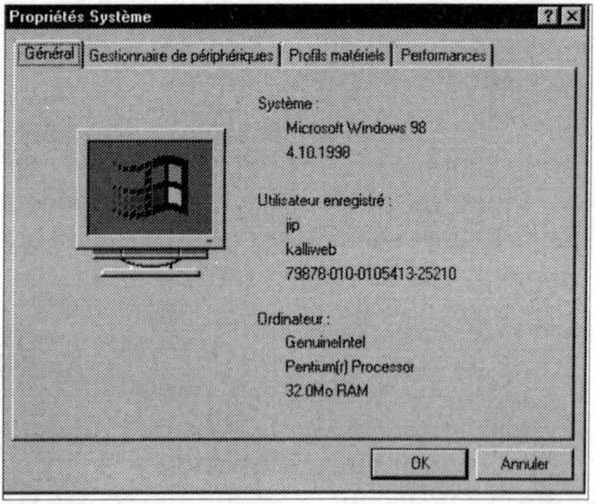

Dans cette boîte de dialogue, vous pouvez voir également ce que votre machine a dans le ventre.

La disquette de démarrage

Commencez par créer une disquette de démarrage. Elle peut vous être utile en évitant des pertes de temps et des frais de consultation et de réparation.

- Cliquez sur le bouton *Démarrer*, ensuite sur *Paramètres* et enfin sur *Panneau de configuration*. Cliquez deux fois sur l'icône *Ajout/Suppression de programmes*.
- Cliquez sur l'onglet *Disquette de démarrage*.
- Introduisez une disquette vierge dans le lecteur (son éventuel contenu sera effacé).

- Introduisez le CD-ROM de Windows dans le lecteur de CD-ROM.
- Cliquez sur le bouton *Créer une disquette*.

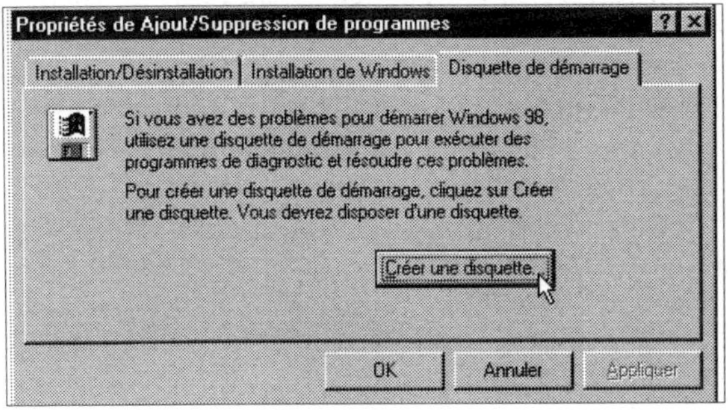

- Windows travaille. Ne l'interrompez pas et attendez patiemment qu'il ait terminé. Un message vous informera de la fin de création de la disquette.
- Sur l'étiquette de la disquette, inscrivez "Disquette de démarrage Windows 95 (ou 98)" et enfermez-la dans un tiroir.

Où et quand se manifeste le problème ?

Au démarrage de l'ordinateur

Le problème se manifeste pendant que vous utilisez Windows

Il n'est pas toujours simple d'identifier si le problème est dû à Windows ou à une application spécifique. Commencez donc par consulter cette section générale pour y rechercher votre problème. C'est ici que sont repris les problèmes dus à Windows et les problèmes communs à toutes les applications (problème d'impression, de souris, de clavier, ...).

Windows "se plante" ou fonctionne mal

Le Bureau, les fenêtres, les icônes, les dossiers

Attention

Soyez prudent !
Vous avez accès à tout, y compris à ce qui est nécessaire pour que le système fonctionne correctement.
Vous pouvez faire tout ce que vous voulez : rien n'ex

plosera, l'ordinateur ne criera pas sur vous, il ne sera même pas fâché !
Mais si vous déplacez ou renommez un élément dont le système a besoin, il ne le retrouvera plus et c'est vous qui aurez les problèmes.
En règle générale, faites attention quand vous supprimez, renommez et déplacez des icônes, quelles qu'elles soient. Ne le faites que pour vos propres dossiers, ceux dans lesquels vous stockez vos documents.

La Corbeille

Le disque dur

Les disquettes et les cartouches ZIP

L'affichage et le multimédia (images, sons, animations)

Les CD-ROM

La souris

Le clavier

L'imprimante

Le modem

Vous trouverez ici les problèmes généraux. Si le problème est en rapport avec votre connexion Internet, voyez plus loin.

Les applications en général

Les problèmes évoqués ici sont communs à toutes les applications : Word, Excel, le bloc-notes, ...

En quittant Windows

Le problème survient pendant que vous utilisez Word ou Excel

Le Compagnon Office

Word

Commencez par voir si le problème que vous rencontrez n'est pas référencé dans la liste des problèmes communs à toutes les applications. Voyez à la page 20.

Excel

Commencez par voir si le problème que vous rencontrez n'est pas référencé dans la liste des problèmes communs à toutes les applications. Voyez à la page 20.

Le problème survient pendant une connexion à l'Internet

La connexion

Si, lorsque vous cliquez deux fois sur l'icône de votre connexion Internet (dans le dossier Accès réseau à distance du Poste de travail), la connexion ne s'établit pas, commencez par voir plus haut les problèmes relatifs au modem.

Les sites et le surf en général

Internet Explorer

Commencez par voir si le problème que vous rencontrez n'est pas référencé dans la liste des problèmes communs à la navigation sur Internet. Voyez à la page 27.

Netscape Navigator

Commencez par voir si le problème que vous rencontrez n'est pas référencé dans la liste des problèmes communs à la navigation sur Internet. Voyez à la page 27.

Les fichiers téléchargés

Le courrier électronique

Le démarrage de l'ordinateur

2

Le problème → **L'ordinateur ne s'allume pas.**

Symptômes Vous basculez l'interrupteur de mise sous tension et rien ne se passe. Vous n'entendez aucun bruit. Aucun voyant ne s'allume. Bref, l'ordinateur ne se réveille pas.

Explication Cette panne peut provenir du boîtier d'alimentation électrique. C'est lui qui fournit l'ordinateur en électricité.

Ou, plus grave, la carte mère de l'ordinateur est hors service. C'est l'une des pièces principales de l'ordinateur : celle sur laquelle tous les autres composants sont connectés (la mémoire, le disque dur, le lecteur de disquettes, l'écran, ...).

Solution

1. Contrôlez si l'ordinateur est bien branché sur la prise électrique.

2. Vérifiez si le câble électrique est bien enfoncé dans la prise sur la face arrière de l'ordinateur.

3. Placez l'interrupteur sur la position "éteint" et remplacez le câble d'alimentation électrique par un autre câble. Celui de votre moule à gaufres ou de votre chauffe-plats. Quasiment tous les câbles d'alimentation électrique sont conçus sur le même modèle.

4. Si, malgré tout, l'ordinateur reste endormi, il faut envisager le pire et recourir à un réparateur.

Le problème

L'ordinateur s'allume, fait entendre quelques bips et s'arrête.

Symptômes Le ventilateur tourne, les voyants habituels sont allumés ou éteints. Quelques bips inhabituels se sont peut-être fait entendre et puis … plus rien. Eventuellement, un message sibyllin composé de quelques lettres et quelques chiffres vous nargue dans le coin supérieur gauche de l'écran.

Solution

1. Contrôlez si le clavier est correctement branché dans sa prise sur la face arrière de l'ordinateur.

2. Eteignez l'ordinateur, attendez quelques instants et allumez-le à nouveau. Il est possible que ce soit un caprice passager.

3. S'il ne veut pas démarrer, le problème est peut-être grave ou bénin. Mais il est préférable de faire appel à un spécialiste.

Explications

Voici quand même quelques indications concernant la signification des codes généreusement affichés par l'ordinateur.

Code	*où est le problème ?*
100 à 199	La carte mère ne fonctionne pas bien.
201 à 203	La mémoire vive fonctionne mal (elle est peut-être mal enfichée sur ses connecteurs). La carte mère est peut-être mal configurée. Les composants connectés sur la carte mère sont peut-être mal placés ou mal configurés.
301 à 304	Le clavier est mal branché sur la face

	arrière de l'ordinateur. Il est possible que l'une des touches soit restée enfoncée ou fonctionne mal.
501	La carte qui sert à connecter l'écran à la carte mère (la carte graphique) est en panne ou est mal enfichée.
601 à 626	Le lecteur de disquettes pose problème.
1300	La carte qui sert à connecter les manettes de jeu (les joysticks) est soit en panne soit mal enfichée.
1701	Le disque dur est en panne.

Le problème ➤ **L'écran ne s'allume pas.**

Symptômes Vous avez allumé l'ordinateur : vous entendez le ronronnement caractéristique du ventilateur ainsi que les divers sons qu'il a l'habitude d'émettre au démarrage. Mais l'écran reste désespérément noir.

Solution

1. Est-ce que le voyant lumineux de l'écran brille ? Si oui, contrôlez si le câble qui le relie à l'ordinateur est bien branché, du côté de l'ordinateur et du côté de l'écran lui-même. Vérifiez également que les boutons et les curseurs de luminosité et de contraste sur l'écran sont correctement placés. Si la luminosité et le contraste sont au minimum, l'écran reste noir !

2. Si le voyant de l'écran n'est pas allumé, contrôlez s'il est bien raccordé à l'électricité. Certains écrans prennent leur courant électrique sur l'ordinateur lui-même: leur prise de courant est donc branchée sur la face arrière de l'ordinateur.

3. Si l'écran est correctement branché à l'ordinateur et à la prise de courant, il faut envisager la panne. Soit l'écran lui-même est hors service, soit la carte sur laquelle est branché l'écran dans l'ordinateur (la carte graphique) est en panne. Essayez quand même une dernière fois d'éteindre et de rallumer l'ordinateur.

Le problème **L'ordinateur s'arrête et affiche l'un des messages suivants :**
Invalid system disk. Replace the disk and press any key.
Invalid Boot Diskette.
Diskette Boot Failure.

Symptômes L'ordinateur démarre normalement, ses voyants s'allument, il émet les sons habituels. Mais très rapidement, le message s'affiche en blanc sur le fond noir et tout s'arrête.

Solution

Une disquette est présente dans le lecteur de disquettes. Sortez-la et enfoncez une touche quelconque sur le clavier : le démarrage se poursuivra normalement.

Le problème **L'ordinateur s'arrête et affiche le message Keyboard error.**

Symptômes L'ordinateur démarre normalement, ses voyants s'allument, il émet les sons habituels. Mais très rapidement, le message s'affiche en blanc sur le fond noir et tout s'arrête.

Explication Le problème se situe au niveau du clavier.

Solution

1. Voyez si le clavier est correctement branché à l'ordinateur et redémarrez l'ordinateur.

2. Contrôlez si aucune touche n'est enfoncée et redémarrez l'ordinateur.

3. Il est possible que le clavier soit en panne. Empruntez celui de votre voisin. Si l'ordinateur démarre, achetez un autre clavier (ou conservez celui de votre voisin).

Le problème **L'ordinateur s'arrête et affiche le message CMOS Checksum Failure.**

Symptômes L'ordinateur démarre normalement, ses voyants s'allument, il émet les sons habituels. Mais très rapidement, le message s'affiche en blanc sur le fond noir et tout s'arrête.

Explication Le problème se situe au niveau de la mémoire vive.

Solution

1. Eteignez l'ordinateur, attendez quelques secondes et rallumez-le.

2. Si le même message persiste, l'ordinateur a besoin d'un technicien.

Le problème

L'ordinateur s'arrête et affiche l'un des messages suivants :
Bad or missing Command Interpreter.
Error Loading Operating System.
Invalid Command.com.

Symptômes L'ordinateur démarre normalement, ses voyants s'allument, il émet les sons habituels. Mais très rapidement, le message s'affiche en blanc sur le fond noir et tout s'arrête.

Solution

- Recherchez votre disquette de démarrage. Si vous ne la retrouvez pas ou si vous ne l'avez pas créée, copiez la disquette de démarrage de quelqu'un d'autre qui utilise la même version de Windows que vous.
- Introduisez la disquette dans le lecteur et redémarrez l'ordinateur.
- Lorsque le message Démarrage de Windows est affiché dans le coin supérieur gauche de l'écran, enfoncez la touche *F8*.
- A l'écran, vous voyez :
  A:\>
- Tapez au clavier `sys c:`
  N'oubliez pas l'espace entre sys et c:
- Enfoncez la touche *Entrée*.
- Attendez que le message System transferred s'affiche.
- Retirez la disquette et redémarrez l'ordinateur.

Le problème **L'ordinateur s'arrête et affiche le message General failure.**

Symptômes L'ordinateur démarre normalement, ses voyants s'allument, il émet les sons habituels. Mais très rapidement, le message s'affiche en blanc sur le fond noir et tout s'arrête.

Explication Le disque dur est sérieusement malade et peut-être même complètement hors-service.

Solution

Eteignez l'ordinateur, attendez quelques secondes et redémarrez-le. S'il redémarre, faites une copie de vos données et de tout ce que vous voulez conserver.

Que l'ordinateur redémarre ou non, il est probable qu'il faille soit formater le disque dur, soit même le remplacer.

Le problème **L'ordinateur s'arrête et affiche un message en anglais.**

Symptômes L'ordinateur démarre normalement, ses voyants s'allument, il émet les sons habituels. Mais très rapidement, le message s'affiche en blanc sur le fond noir et tout s'arrête.

Solution

S'il ne s'agit pas d'un message expliqué plus haut, essayez de redémarrer à nouveau l'ordinateur: éteignez-le, parlez-lui gentiment, attendez quelques secondes et rallumez-le. Si le problème se répète, il faut le conduire chez un spécialiste.

Le problème **L'ordinateur démarre mais affiche le message Invalid VxD.**

Explication Un pilote de périphérique pose problème.

Solution

Si le nom du fichier mentionné dans le message se termine par .386, procédez comme ceci :

- Notez le nom du fichier.
- Cliquez sur le bouton *Démarrer* puis sur *Exécuter.*
- Tapez `msconfig` et cliquez sur le bouton *OK*.
- Cliquez sur l'onglet *System.ini.*
- Cliquez sur le petit signe + devant *[386Enh].*
- Cliquez sur la case à cocher devant la ligne où figure le nom du fichier (la case à cocher doit être vide).
- Un message vous proposera de redémarrer l'ordinateur : acceptez.

Si le nom du fichier est Vnetsup.vxd, procédez comme ceci :

- Cliquez sur le bouton *Démarrer* puis sur *Paramètres* et enfin sur *Panneau de configuration*.
- Cliquez deux fois sur l'icône *Réseau*.

- Cliquez sur le bouton *Ajouter*.
- Cliquez sur *Cartes* puis sur le bouton *Ajouter*.
- Patientez quelques instants : Windows travaille.
- Dans la liste gauche (*Constructeurs*), cliquez sur *Lecteurs réseaux détectés*.
- Dans la liste droite, cliquez sur *Pilote NDIS existant*.

- Cliquez sur le bouton *OK*, puis sur le bouton *Fermer* et enfin sur le bouton *OK*.
- Vous devrez probablement introduire dans le lecteur le CD-ROM de Windows.
- Un message vous proposera de redémarrer l'ordinateur : cliquez sur *Oui*.
- Lorsque Windows a redémarré, cliquez sur le bouton *Démarrer* puis sur *Paramètres* et enfin sur *Panneau de configuration*.
- Cliquez deux fois sur l'icône *Réseau*.
- Cliquez sur *Pilote NDIS existant* et cliquez sur le bouton *Supprimer*.
- Un message vous proposera de redémarrer l'ordinateur : cliquez sur *Oui*.
- C'est fini !

Le problème **L'ordinateur démarre mais Windows ne s'ouvre pas.**

Symptôme Soit l'écran affiche sur un fond noir quelques lignes de message ou de commandes plus ou moins intelligibles, soit c'est le drapeau de Windows qui reste perpétuellement à l'écran sur son fond de ciel nuageux. Attendez quelques minutes avant de conclure à une panne : dans certaines circonstances, il arrive que Windows prenne son temps pour s'ouvrir.

Explication Les causes peuvent être multiples et plus ou moins graves.

Solution

1. Redémarrez l'ordinateur. Si Windows démarre, ce sera probablement en mode "Sans échec". Cette indication est clairement inscrite à l'écran. L'environnement semble un peu malade, l'affichage est mauvais mais Windows fonctionne. C'est normal et provisoire.

Quittez Windows et redémarrez l'ordinateur. Il est possible que tout s'arrange et que Windows "s'auto-répare".

2. Si Windows ne redémarre pas, essayez encore une fois. Lorsque vous voyez le message Démarrage de Windows dans le coin supérieur gauche de l'écran, enfoncez vite la touche *F8*. Plusieurs propositions s'affichent. Tapez le numéro de la proposition Mode sans échec. Si Windows s'ouvre, quittez et redémarrez l'ordinateur.

3. Si Windows refuse toujours de démarrer, il faudra consulter un spécialiste !

Le problème

Comment supprimer l'exécution automatique d'un programme au démarrage de Windows ?

Symptôme A chaque démarrage de Windows, une application s'ouvre (en provoquant peut-être même une erreur).

Solution

Vous voulez supprimer complètement l'application car vous n'en avez plus besoin. Voyez à la page 166.

Ou vous voulez uniquement empêcher le programme de s'ouvrir automatiquement mais vous désirez le conserver pour l'utiliser encore par la suite.

Soit l'application s'ouvre à partir du dossier *Démarrage* dans le menu *Démarrer*, soit elle s'ouvre à partir d'un autre emplacement.

Note Tous les raccourcis présents dans le dossier *Démarrage* du menu *Démarrer* exécutent automatiquement les programmes qu'ils représentent au démarrage de Windows.

1. Voyez si le programme est dans le dossier *Démarrage* du menu *Démarrer*.

- Cliquez sur le bouton *Démarrer* et cliquez ensuite *Paramètres* puis *Barre des tâches* et menu *Démarrer*.
- Cliquez sur l'onglet *Programmes* du menu *Démarrer*.
- Cliquez sur le bouton *Supprimer*.

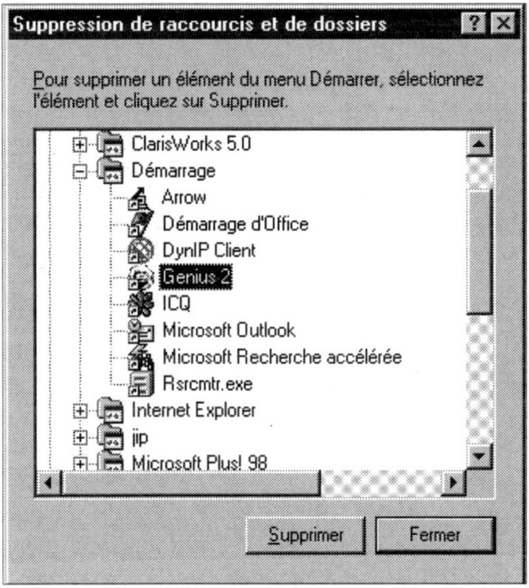

- Cliquez sur le petit signe + devant *Démarrage*.
- Cliquez sur le nom de l'application qui ne doit plus démarrer automatiquement.

- Cliquez sur le bouton *Supprimer.*
- Cliquez sur le bouton *Fermer.*
- Cliquez sur le bouton *OK.*

2. Si vous n'avez pas trouvé l'application, elle est peut-être mentionnée dans le fichier *win.ini.*

- Cliquez deux fois sur l'icône du *Poste de travail* (elle est sur le Bureau).

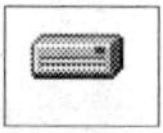

- Cliquez deux fois sur l'icône du disque C:
- Cliquez deux fois sur le dossier Windows (si vous ne trouvez pas le dossier Windows dans le lecteur C, recherchez dans les autres lecteurs).

- Cliquez deux fois sur l'icône *win*
- La ligne commençant par *load*= ou celle commençant par *run*= indique peut-être le nom de l'application que vous cherchez. Si c'est le cas, effacez –le mais laissez le début de la ligne (*road*= ou *run*=).
- Cliquez sur le menu *Fichier* puis sur la commande *Enregistrer.*
- Cliquez sur le menu *Fichier* puis sur la commande *Quitter.*

3. Si vous n'avez pas encore trouvé l'application, elle est peut-être mentionnée dans le Registre.

- Cliquez sur le bouton *Démarrer.*
- Cliquez sur *Exécuter.*
- Dans la zone blanche, entrez regedit et cliquez sur le bouton *OK.* L'éditeur du Registre s'ouvre.

- Cliquez successivement sur le petit signe + devant les dossiers *HKEY_LOCAL_MACHINE*, *Software*, *Microsoft*, *Windows*, *CurrentVersion*, *Run*. Dans le volet droit, figure la liste des applications qui s'ouvrent au démarrage de Windows.
- Cliquez avec le bouton droit sur le nom de l'application qui vous intéresse et choisissez la commande *Supprimer*.
- Fermez l'éditeur : cliquez sur le menu *Registre* puis sur la commande *Quitter*.

Windows et les applications

3

Windows "se plante" ou fonctionne mal

Le problème **L'ordinateur fume ou dégage une odeur de brûlé.**

Explication Le ventilateur chargé de refroidir l'intérieur de l'ordinateur est probablement bloqué.

Solution

Enregistrez rapidement le document sur lequel vous travaillez et éteignez immédiatement l'ordinateur.

1. Voyez à l'arrière de l'ordinateur si rien ne bloque le ventilateur.

2. Si le ventilateur semble tourner librement, c'est son moteur qui est en panne : il faudra qu'un technicien remplace le bloc d'alimentation électrique dans lequel est intégré le ventilateur.

Le problème **Windows "se plante" lorsque vous déplacez une fenêtre ou un objet ou encore lorsque vous cliquez avec la souris.**

Symptôme Windows se fige brusquement alors que vous ne faites rien de plus extraordinaire que faire glisser un objet ou une fenêtre.

Explication Le problème est dû à l'affichage : vous pouvez le corriger vous-même.

Solution

- Cliquez sur le bouton *Démarrer* puis sur *Paramètres* et enfin sur *Panneau de configuration*.
- Cliquez deux fois sur l'icône *Système*.

- Cliquez sur l'onglet *Performances*.
- Cliquez sur le bouton *Graphiques*.

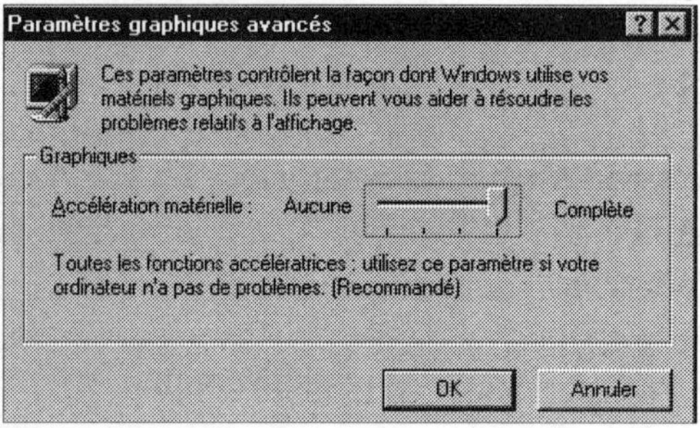

- Faites glisser le curseur d'un cran vers la gauche.
- Cliquez sur *OK* et encore une fois sur *OK* pour fermer la fenêtre *Système*.
- Redémarrez l'ordinateur.
- Si le problème se présente à nouveau, recommencez et faites glisser le curseur d'un cran supplémentaire vers la gauche.

Le problème **Windows "se plante" sans raison apparente.**

Symptôme Pour une raison que vous ignorez, Windows se fige. Il semble impossible de faire quoi que ce soit.

Solution

1. Essayez de bouger la souris, enfoncez la combinaison de touches *Ctrl-Echap* (le menu *Démarrer* devrait s'ouvrir). Si la souris se déplace, si le menu *Démarrer* s'ouvre, il est probable que seule l'application que vous utilisez soit "plantée". Voyez en page 164 comment la fermer.

2. Si la combinaison de touches *Ctrl-Echap* ouvre le menu *Démarrer* et si seule la souris est figée, le problème est dû à la souris et non à Windows. Voyez à la page 104.

3. Si, au contraire, c'est la combinaison de touches *Ctrl-Echap* qui reste sans effet, le problème vient du clavier. Voyez à la page 109.

4. Si ni la souris, ni le clavier ne parviennent à réveiller Windows, essayez quand même ceci :

- Enfoncez les touches *Ctrl* et *Alt*, gardez-les enfoncées et tapez sur la touche *Suppr*.
- Si la boîte de dialogue de fermeture s'affiche, cliquez sur le bouton *Arrêter*.

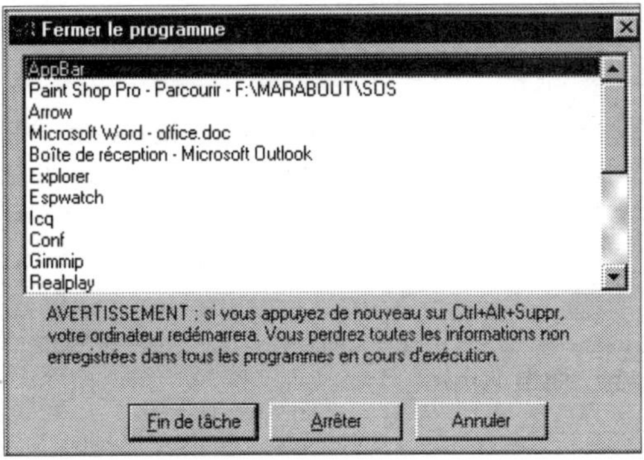

5. Si vos efforts sont tous vains, il ne vous reste qu'à redémarrer l'ordinateur avec l'interrupteur, en espérant que cela ne se reproduise plus.

Le problème **En déplaçant la souris, l'ordinateur fait entendre une succession de bips en rafale.**

Explication Ne cherchez pas la cause : elle n'est pas unique. En bref, Windows est "planté".

Solution

Eteignez et rallumez l'ordinateur.

Le problème **Windows affiche soudainement un message qui occupe tout l'écran (le Bureau et les icônes ont disparu).**

Explication Les motifs d'apparition de ce message sont multiples. Souvent, mais pas toujours, le message explique clairement le problème.

1. Le message suivant s'affiche en lettres blanches sur fond bleu :

Erreur de lecture du CD-ROM dans le lecteur x: Veuillez insérer le CD-ROM avec le numéro de série (...).

Explication Vous avez retiré un CD-ROM du lecteur alors qu'il était en cours d'utilisation par Windows ou une application.

Solution

Réinsérez le CD-ROM dans le lecteur et enfoncez la touche Entrée.

Vous pouvez aussi enfoncer la touche *Echap* sans réinsérer le CD dans le lecteur. Mais cette deuxième solution est plus aléatoire : Windows risque de rester bloqué.

2. L'un des messages suivants s'affiche en lettres blanches sur fond bleu :

Une erreur fatale xx est apparue à (...)x:(...). L'application va se terminer. ...
Le système est occupé.
The system is occupied.

Solution

Essayez d'enfoncer une touche quelconque comme le message le propose. Mais il y a peu de chance que vous puissiez retrouver l'environnement de Windows. Même si vous parvenez à le retrouver, il vaut mieux enregistrer vos documents en cours et redémarrer l'ordinateur. En effet, Windows a probablement perdu sa stabilité et l'écran bleu réapparaîtra prochainement. Si l'écran bleu persiste ou si l'écran devient noir et le reste trop longtemps, redémarrez l'ordinateur.

3. Le message suivant s'affiche : Erreur de parité

Explication Le problème est dû aux puces de mémoire vive installées dans les entrailles de l'ordinateur. Elles ne sont pas toutes du même type et provoquent des erreurs.

Solution

Consultez un spécialiste.

4. Le message suivant s'affiche :
Erreur de lecture de disquette dans le lecteur A:

Explication Vous avez retiré une disquette utilisée par l'un des programmes en cours d'exécution.

Solution

Insérez à nouveau la disquette et enfoncez la touche *Entrée*.

Le problème **Windows annonce une défaillance de page dans Kernel32.dll.**

Symptôme Le message suivant s'affiche :
Défaillance de page dans Kernel32.dll

Explication Le problème est probablement causé par l'affichage.

Solution

Si Windows s'est bloqué, redémarrez l'ordinateur. Voyez ensuite comment procéder plus haut à la page 49.

Le problème **Windows ralentit de jour en jour.**

Symptôme Vous constatez que Windows fonctionne de plus en plus lentement au fil des jours. Les fenêtres mettent longtemps à s'ouvrir, les menus contextuels (ceux que vous ouvrez en cliquant avec le bouton droit de la souris sur une icône) s'ouvrent après un long temps d'attente.

Explication Non, ce n'est pas un signe de vieillesse mais il faut entretenir le disque dur. En effet, au fur et à mesure de son utilisation, les fichiers deviennent de plus en plus fragmentés. Les fichiers sont découpés en plusieurs morceaux sur le disque. Cela ne gêne pas le fonctionnement de Windows mais un fichier fragmenté est plus long à lire qu'un fichier d'un seul bloc.

Solution

Deux opérations doivent être effectuées : le contrôle du disque (c'est le programme ScanDisk qui s'en chargera) et la défragmentation (réalisée magistralement par le programme Defrag).

- Cliquez deux fois sur l'icône du Poste de travail.
- Cliquez avec le bouton droit de la souris sur l'icône du disque à entretenir.

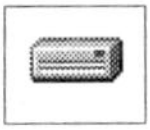

- Choisissez la commande *Propriétés*.
- Cliquez sur l'onglet *Outils*.

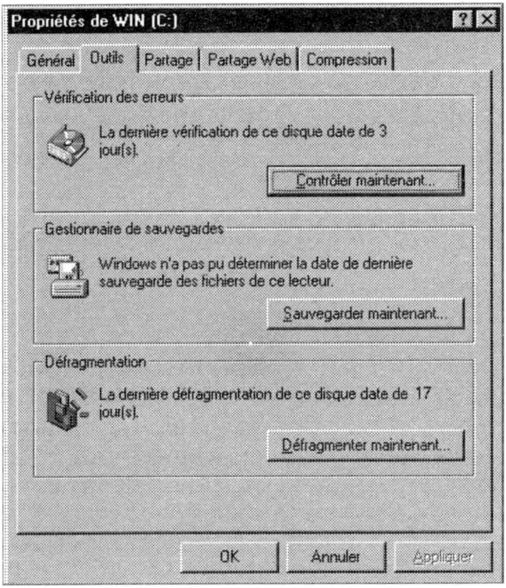

- Cliquez sur le bouton *Contrôler maintenant*.
- Cliquez sur le bouton *Démarrer*.
- Evitez d'utiliser Windows, même si ce n'est pas interdit : le contrôle sera terminé plus rapidement.
- Lorsque le programme de contrôle détecte une erreur, il ouvre une boîte de dialogue pour vous en faire part.

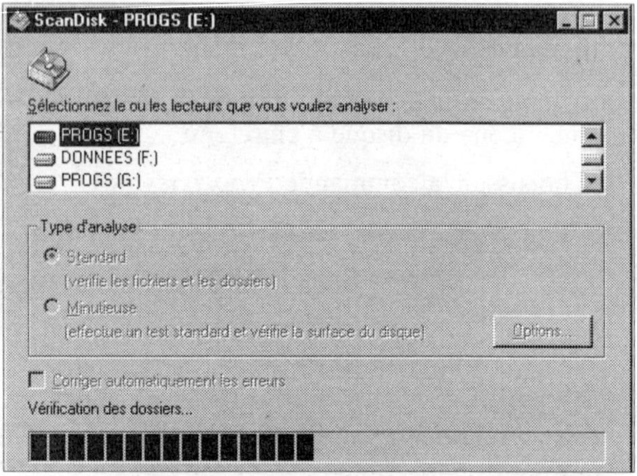

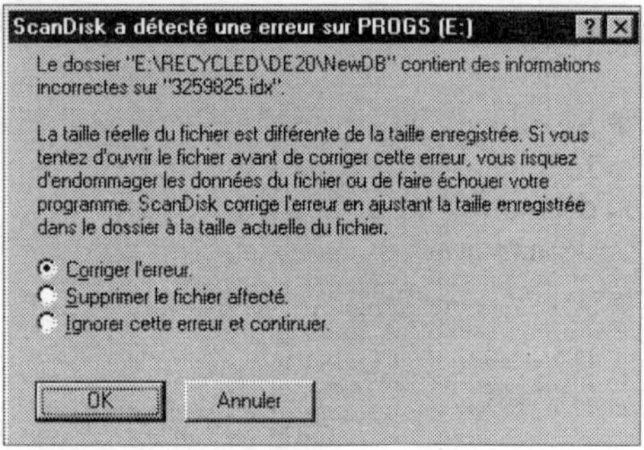

Le fichier indiqué n'est pas correctement enregistré sur le disque. Validez l'option *Corriger l'erreur* et cliquez sur *OK*. Si le même message revient pour le même fichier, il vaut mieux lui demander d'ignorer l'erreur.

Si le programme de contrôle a détecté une référence croisée, cela signifie que le système croit que deux fichiers sont stockés (partiellement ou complètement) dans la même zone du disque. Dans ce cas, il faut corriger la situation en acceptant de perdre l'un des deux fichiers.

- A la fin du contrôle, il est probable que vous voyiez un message comme celui-ci :

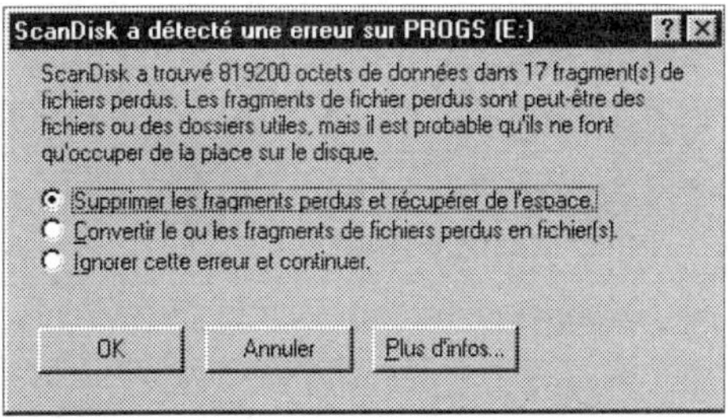

Ces données sont en général des résidus de fichiers qui ont disparu. Vous pouvez les supprimer. Validez l'option *Supprimer les fragments perdus et récupérer l'espace*. Cliquez sur *OK*.

- ScanDisk va probablement recommencer plusieurs fois le contrôle. C'est normal : laissez-le faire en donnant votre accord chaque fois qu'il vous le demande.

- A la fin du contrôle, ScanDisk affiche un message de résultats. Cela signifie que le contrôle du disque est terminé.

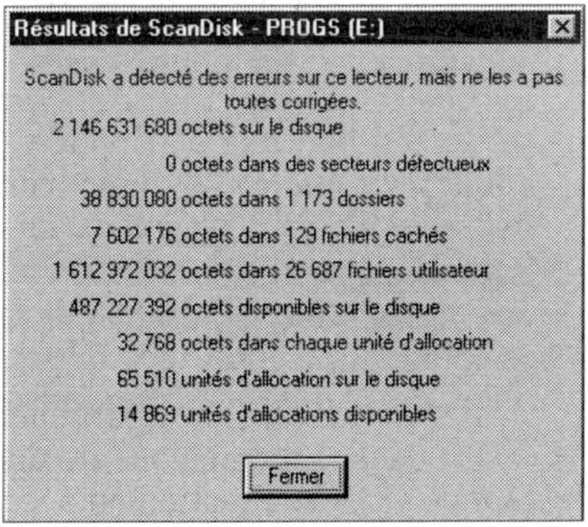

Ne nous attardons pas sur les données techniques que renferme ce message. Cliquez sur *OK*.

- Cliquez sur le bouton *Fermer* pour fermer le programme de contrôle (Scandisk).

Il faut maintenant défragmenter le disque.

- Cliquez avec le bouton droit de la souris sur l'icône du disque à entretenir.
- Choisissez la commande *Propriétés*.
- Cliquez sur l'onglet *Outils*.
- Cliquez sur le bouton *Défragmenter maintenant*.

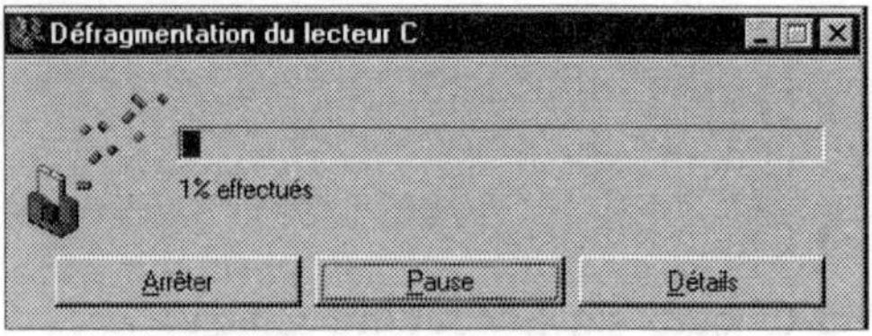

- Pour arrêter la défragmentation, cliquez sur le bouton *Arrêter*. Et cliquez ensuite sur le bouton *Quitter*.
- Pour suspendre la défragmentation : cliquez sur le bouton *Pause*. Vous reprendrez la défragmentation en cliquant sur le bouton *Reprendre*.
- Pour voir le défragmenteur au travail, cliquez sur le bouton *Détails*. C'est à la fois spectaculaire et hypnotique.
- Laissez le défragmenteur travailler. Il est préférable de ne pas utiliser l'ordinateur car la défragmentation prendrait beaucoup plus de temps et le fonctionnement de Windows est fortement ralenti.

Si vous avez plusieurs disques durs, il faut tous les contrôler et les défragmenter.

Le problème **Windows est trop lent.**

Symptôme Windows se traîne lamentablement pour ouvrir le menu *Démarrer*, pour ouvrir les fenêtres, pour déplacer une icône, pour tout. Normalement il fonctionne plus rapidement que ce que vous constatez.

Explication Il est probable qu'une application soit responsable du phénomène. Il faut donc la fermer.

Solution

1. Fermez l'application responsable.

- Enfoncez les touches *Ctrl* et *Alt*. Gardez-les enfoncées pendant que vous enfoncez la touche *Suppr.*
- Dans la boîte de dialogue, repérez l'application dont le nom est suivi de l'indication (pas de réponse).
- Cliquez dessus.
- Cliquez sur le bouton *Fin de tâche*.
- Attendez quelques secondes (20 au maximum).
- Une nouvelle boîte de dialogue s'ouvrira : cliquez sur le bouton *Terminer*.

2. Si, dans la boîte de dialogue, aucun programme n'est sans réponse, fermez toutes les applications et ouvrez ensuite à nouveau celles dont vous avez besoin.

Le problème **Le message suivant s'affiche : 90% ou plus des ressources système sont utilisées.**

Explication Trop d'applications sont ouvertes. Parfois même, ce message s'affiche alors qu'assez peu d'applications sont en fonctionnement. En fait,

Windows a encore quelques problèmes pour gérer ses ressources et on ne peut pas y faire grand chose. Ni vous, ni même le meilleur spécialiste de Windows.

Solution

1. Fermez quelques applications.

2. Si le message apparaît encore, fermez toutes les applications et ouvrez à nouveau celles dont vous avez besoin.

3. Si le message apparaît encore et encore, redémarrez l'ordinateur.

Le Bureau, les fenêtres, les icônes, les dossiers

Le problème **Vous avez fait une bêtise. Comment l'annuler ?**

Symptôme Vous avez déplacé, copié, supprimé, renommé une icône. Et vous le regrettez.

Solution

Non, ne regrettez rien puisque vous pouvez annuler ce que vous avez fait.

- Cliquez avec le bouton droit de la souris sur la surface du Bureau.
- Cliquez sur la commande *Annuler*.

Note

Cette commande *Annuler* est présente dans n'importe quel dossier. Vous n'êtes donc pas obligé(e) d'ouvrir la fenêtre d'un disque dur. Si vous avez sous les yeux un dossier ouvert, cliquez sur *Edition* puis sur *Annuler* dans ce dossier.

Cette commande annule la dernière action réalisée

dans un dossier quelconque.
Par exemple : dans le dossier *Mes documents* vous avez renommé une icône. Vous pouvez très bien choisir la commande d'annulation dans la fenêtre du Poste de travail ou de n'importe quel dossier ou même du Bureau.

Explication Chaque action de copie, déplacement, suppression, attribution d'un nom est conservée par le système dans une pile (comme une pile de cartes). L'annulation agit sur la dernière action (la carte au sommet de la pile).

Par exemple, vous avez réalisé les actions suivantes :

1. Changer le nom d'un document de lettre01 en lettre101.
2. Supprimer le dossier "budget".
3. Déplacer le dossier "amis" dans le dossier "courrier".

Si vous voulez annuler la suppression du dossier "budget", il faudra annuler deux fois (une fois pour l'action 3 et une fois pour l'action 2).

Le problème **Comment donc est structuré Windows ?**

Explication C'est vrai que ce n'est pas simple ! Mais quand même pas si compliqué non plus !

Solution

- Ouvrez l'Explorateur : cliquez sur le bouton *Démarrer*, posez le pointeur de la souris sur *Programmes* et cliquez sur *Explorateur Windows*.

Windows est organisé sous la forme d'un arbre aux multiples branches.

A la racine : le Bureau. Il est tout en haut du volet gauche dans la fenêtre de l'Explorateur.

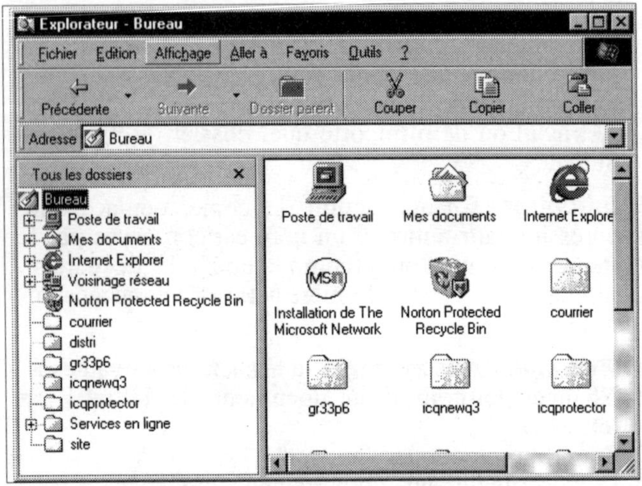

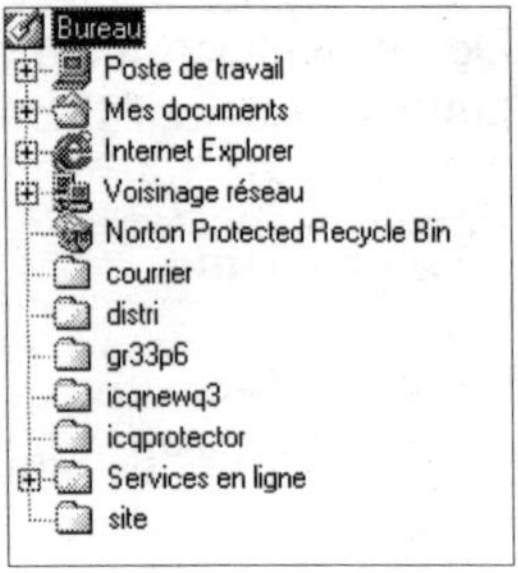

Sous le Bureau, on trouve le Poste de travail ainsi que les dossiers et les fichiers directement posés sur le Bureau : le dossier Mes documents, la Corbeille, l'icône d'Internet Explorer, … Ce sont les branches de premier niveau, juste sous la racine.

Tous les objets que vous voyez ici dans la fenêtre de l'Explorateur, vous les voyez également sur le Bureau lui-même. L'Explorateur est simplement une autre manière d'accéder aux éléments de Windows.

Pour développer une branche, cliquez sur le petit signe + devant son nom. Le petit + devient alors un - : en cliquant sur le -, vous refermez la branche. Le – redevient +.

Après avoir cliqué sur le petit + devant Poste de travail,

les éléments du niveau inférieur deviennent visibles : le lecteur de disquettes, les disques durs, le lecteur de CD-ROM, …

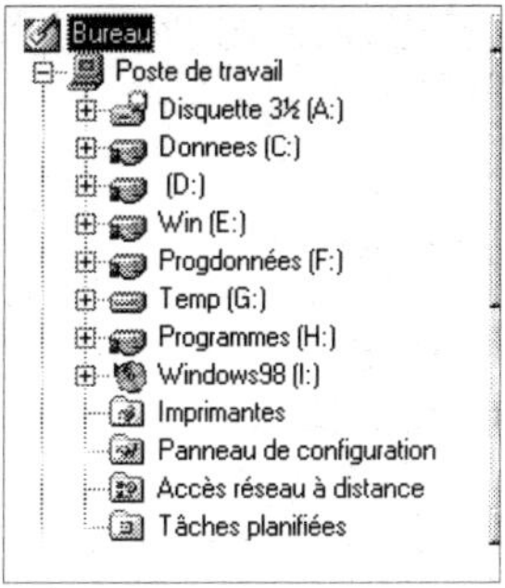

Après avoir cliqué sur le petit + devant H:, on peut voir les dossiers contenus dans le disque dur H:

Et ainsi de suite.

De branche en branche, vous pouvez ainsi descendre ou monter dans l'arbre des dossiers et des lecteurs.

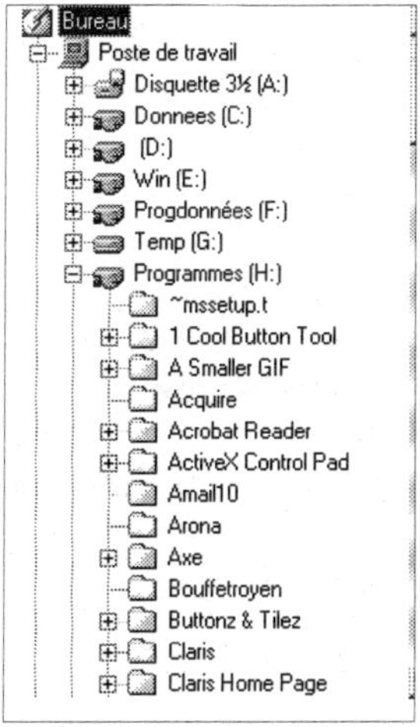

Dans le volet droit de l'Explorateur, vous voyez le contenu de ce qui est sélectionné dans le volet gauche.

Cliquez par exemple sur le Poste de travail dans le volet gauche : le volet droit montre son contenu. Exactement comme si vous aviez cliqué sur le petit + devant son nom dans le volet gauche.

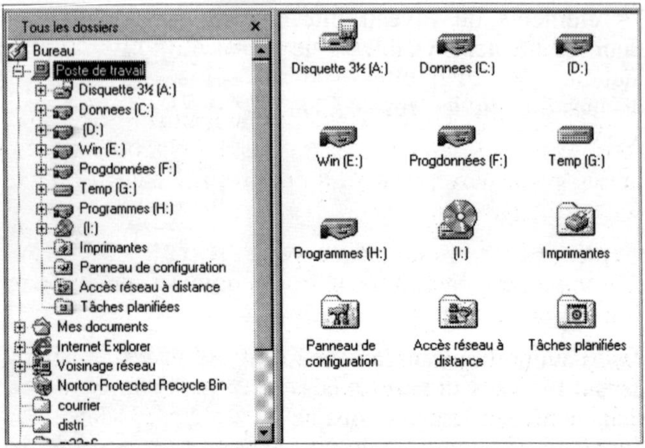

Tout le système est donc structuré comme un arbre aux multiples branches et sous-branches.

Le problème

Fermer, cacher, réduire, agrandir une fenêtre: pourquoi, comment ?

Explication Ce n'est pas pour rien que Windows s'appelle Windows. Ce mot anglais signifie "fenêtres".

Solution

Avec Windows, vous utiliserez donc intensivement les fenêtres. Comment ?

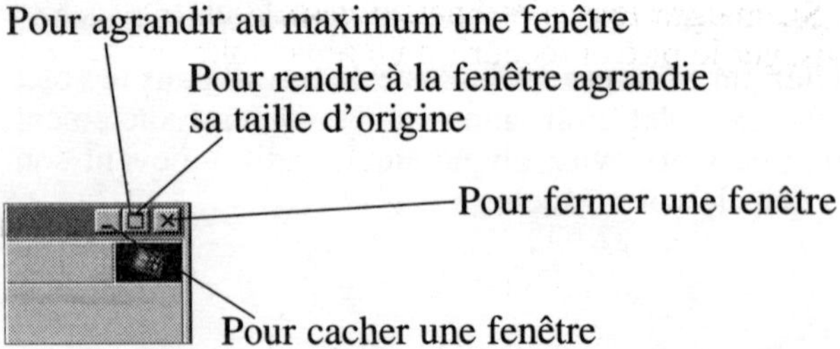

Pour retrouver une fenêtre cachée : cliquez sur son bouton dans la barre des tâches de Windows.

Le problème → **Vous avez perdu une fenêtre.**

Symptôme Vous recherchez en vain une fenêtre que vous avez ouverte et utilisée précédemment.

Explication Etant donné que les fenêtres se superposent les unes aux autres, une fenêtre peut facilement en cacher une autre. Mais chaque fenêtre ouverte (en général) est représentée par un bouton dans la Barre des tâches (au bas de l'écran).

Solution

Regardez dans la barre des tâches de Windows (dans le bas de l'écran). Est-ce que vous voyez un bouton dont le nom correspond à celui de la fenêtre que vous avez perdue ?

Si oui, cliquez sur le bouton : la fenêtre réapparaîtra.

Si non, vous avez fermé la fenêtre et il faut alors l'ouvrir à nouveau.

Ne confondez pas :
cacher (ou réduire) une fenêtre
et fermer une fenêtre.

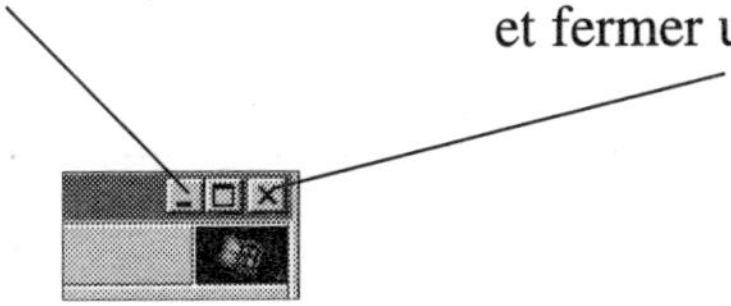

Le problème **Une fenêtre toute noire est ouverte. Comment la fermer ?**

Explication Cette fenêtre noire est ce qu'on appelle une fenêtre DOS. En d'autres mots, c'est une fenêtre qui donne accès à l'ancien système, celui qui existait avant Windows : MS-DOS.

MS-DOS est maintenant utilisé par les nostalgiques, les informaticiens qui ont refusé d'évoluer et les dinosaures.

Solution

- Fermez la fenêtre en cliquant sur le bouton de fermeture.

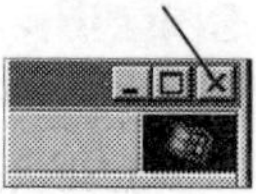

Il est possible que ce message s'affiche :
Windows ne peut arrêter ce programme automatiquement. Il est recommandé de quitter ce programme en utilisant la commande Quitter. Souhaitez-vous arrêter ce programme maintenant et perdre les informations qui n'ont pas encore été enregistrées ?

- Dans 9 cas sur 10, vous avez ouvert cette fenêtre par inadvertance. Sinon, vous savez exactement ce qu'il faut faire pour quitter le programme qui y fonctionne.
  Donc, cliquez sur le bouton *Oui*.

Le problème **Vous fermez une fenêtre et un message vous informe que Windows ne peut arrêter ce programme automatiquement.**

Symptôme En fermant une fenêtre, le message suivant s'affiche :
Windows ne peut arrêter ce programme automatiquement. Il est recommandé de quitter ce programme en utilisant la

commande Quitter. Souhaitez-vous arrêter ce programme maintenant et perdre les informations qui n'ont pas encore été enregistrées ?

Solution Voyez à la page 66.

Le problème **La barre de titre d'une fenêtre n'est plus accessible : il est impossible de la déplacer ou de la fermer.**

Symptôme Une fenêtre est positionnée trop haut, trop à gauche ou trop à droite sur l'écran. Bref, sa barre de titre ne peut plus être atteinte. Et vous ne pouvez donc plus ni la déplacer ni la fermer.

Solution

- Cliquez avec le bouton droit de la souris sur le bouton de la fenêtre dans la Barre des tâches.

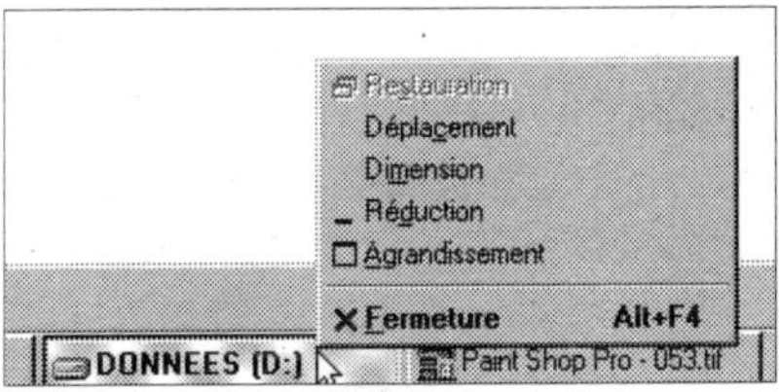

- Choisissez la commande *Déplacement*. Utilisez les flèches du clavier pour ramener la fenêtre vers le centre de l'écran.
- Enfoncez la touche *Entrée* lorsque la fenêtre est à nouveau accessible.

Le problème **Vous voulez créer vos propres dossiers.**

Explication Vos documents, vos images, vos feuilles de calcul : vous allez les conserver (les enregistrer) quelque part pour les retrouver par la suite. Mais pas n'importe où.

Solution

Windows a prévu un dossier nommé *Mes documents* qui peut vous servir à archiver vos documents. Ce n'est pas du tout obligatoire d'utiliser ce dossier. Mais puisqu'il est là, autant en profiter. En plus, si vous utilisez Windows 98, l'icône du dossier *Mes documents* est sur le Bureau : son accès est donc très facile.

Quelle que soit la version de Windows, le dossier *Mes documents* est sur le disque où Windows est installé.

Note

Comment savoir où est installé Windows ?

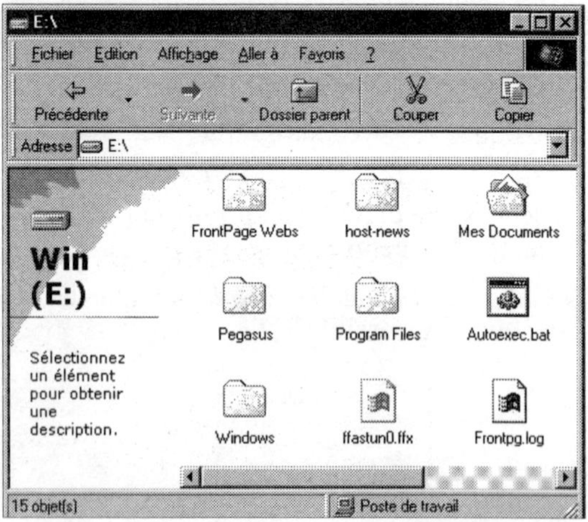

Ici, le dossier Windows est dans le lecteur E:

Cliquez deux fois sur l'icône du Poste de travail.

Cliquez deux fois sur chaque icône de disque dur jusqu'à ce que vous trouviez un dossier Windows.

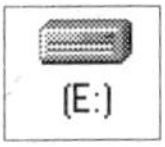

En général, Windows est installé sur le lecteur C mais ce n'est pas du tout obligatoire.

Si vous avez peu de documents, vous pourrez les enregistrer tous dans ce dossier. Mais si vous avez plusieurs dizaines de documents, il est préférable d'organiser un peu ce dossier en y créant des sous-dossiers.

Comment faire ?

Si vous avez Windows 98 :

- Ouvrez le dossier *Mes documents* en cliquant deux fois sur son icône (présente sur le Bureau).

Si vous avez Windows 95 :

- Cliquez deux fois sur l'icône du Poste de travail.

- Cliquez deux fois sur l'icône du lecteur où est installé Windows puis sur l'icône du dossier *Mes documents*.

- Cliquez sur le menu *Fichier*.

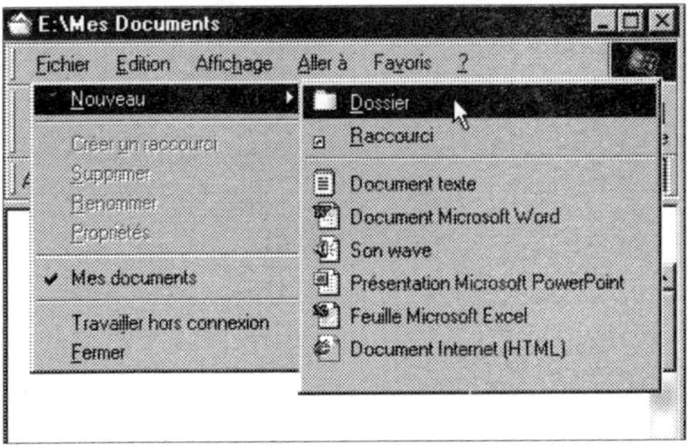

- Posez le pointeur de la souris sur la commande *Nouveau*.
- Cliquez sur *Dossier*.
- Le dossier est créé dans la fenêtre du dossier.

- Tapez au clavier le nom que vous voulez lui donner.

- Enfoncez la touche *Entrée*.

Si vous vous êtes trompé(e) de nom, voyez à la page 71 comment renommer un objet.

Voilà ! Vous créez ainsi autant de dossiers que vous voulez.

Le problème **Comment naviguer dans les dossiers ?**

Solution

Ouvrir un dossier, c'est facile : vous cliquez deux fois sur son icône.

Mais comment revenir au dossier de niveau supérieur ?

- Enfoncez la touche *Retour Arrière*.

Si vous utilisez Windows 98 :

- Vous pouvez aussi cliquer sur le bouton *Dossier parent*.

Le problème **Vous voulez activer le dossier de niveau supérieur et un message vous annonce que vous êtes à la racine.**

Symptôme Vous avez enfoncé la touche *Retour Arrière* et le message suivant s'affiche :

Vous êtes à la racine du poste de travail et ne pouvez aller plus loin. Réduisez les fenêtres ouvertes pour voir le bureau.

Explication Le dossier que vous voyez est le Poste de travail. C'est la racine du système : le dossier au-dessus duquel il n'y a pas de dossier de niveau supérieur.

Solution

Si vous voulez voir le bureau en réduisant les fenêtres ouvertes, comme le propose le message :

- Cliquez avec le bouton droit de la souris dans une zone libre de la barre des tâches de Windows (au bas de l'écran). Ne cliquez pas sur un bouton mais à un emplacement où il n'y a pas de bouton.
- Cliquez sur la commande *Réduire toutes les fenêtres.*

Le problème **Comment renommer une icône ?**

Solution

- Cliquez sur l'icône que vous voulez renommer.
- Enfoncez la touche *F2.*
- Tapez le nouveau nom.
- Enfoncez la touche *Entrée.*

Le problème

Vous voulez nommer ou renommer une icône mais le nom que vous tapez est refusé.

Symptôme Le message suivant est affiché :

Un nom de fichier ne peut contenir les caractères suivants : \ / : * ? " < >

Explication Windows n'accepte pas tous les caractères pour les noms d'icônes et de fichiers.
Par contre l'espace est autorisé.

Solution

- Cliquez sur *OK* et donnez un nom correct.
- Utilisez les flèches gauche et droite (sur le clavier) pour déplacer la barre clignotante dans le nom. Les caractères que vous tapez seront introduits devant cette barre verticale.
- Utilisez les touches *Suppr* et *Retour Arrière* pour effacer des caractères.
- Enfoncez la touche *Entrée* lorsque vous avez terminé.

Le problème

Lorsque vous renommez l'icône d'un fichier, un message vous informe que le fichier est en lecture seule.

Symptôme Au moment où vous renommez un fichier, le message suivant s'affiche :

Etes-vous sûr de vouloir renommer le fichier en lecture seule (...) par (...) ?

Explication Les fichiers en lecture seule proviennent souvent de CD-ROM. Mais ils ne sont pas différents des autres fichiers.

Solution

- Confirmez simplement en cliquant sur le bouton *Oui*.

Le problème

Lorsque vous renommez une icône, un message vous informe que vous êtes sur le point de modifier son extension.

Symptôme Vous renommez une icône et le message suivant s'affiche :

Si vous changez l'extension d'un fichier, le fichier risque d'être inutilisable. Etes-vous sûr de vouloir la changer ?

Solution

- Il vaut mieux cliquer sur *Non*.
- Renommez le fichier.

Si l'extension du fichiers est visible, ne la changez pas.

Si les extensions des fichiers ne sont pas visibles, évitez d'introduire le point dans le noms des icônes.

L'extension est visible.

L'extension est invisible.

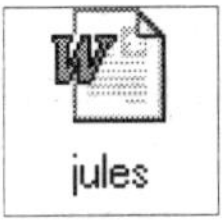

Note

Qu'est-ce que l'extension d'un fichier ?

Tous les fichiers portent une extension qui représente en quelque sorte leur nom de famille. L'extension permet de savoir de quelle application un fichier est originaire. Par exemple, les documents créés avec Word portent l'extension .doc. Ceux qui sont créés avec Excel portent l'extension .xls. L'extension est attribuée automatiquement aux documents par les applications elles-mêmes.

Normalement, l'extension des fichiers n'est pas visible. Le dessin de l'icône permet en effet d'identifier l'origine des documents. Tous les documents créés avec Word ont une même icône (et une même extension .doc).

Pour afficher ou non l'extension des fichiers :

- Dans n'importe quel dossier, cliquez sur le menu *Affichage*.
- Cliquez sur la commande *Options* (ou *Options des dossiers*).
- Cliquez sur l'onglet *Affichage*.

Si vous avez Windows 95 :

- Désactivez l'option *Masquer les extensions MS-DOS*.

Si vous avez Windows 98 :

- Désactivez l'option *Cacher les extensions des fichiers dont le type est connu* (elle est située au début de la liste des paramètres avancés).
- Cliquez sur le bouton *OK*.

Le problème

Vous cliquez deux fois sur une icône et Windows affiche un message vous indiquant qu'il recherche un fichier.

Symptôme Le message suivant s'affiche :
Recherche de (...). Pour rechercher le fichier manuellement, cliquez sur Parcourir.

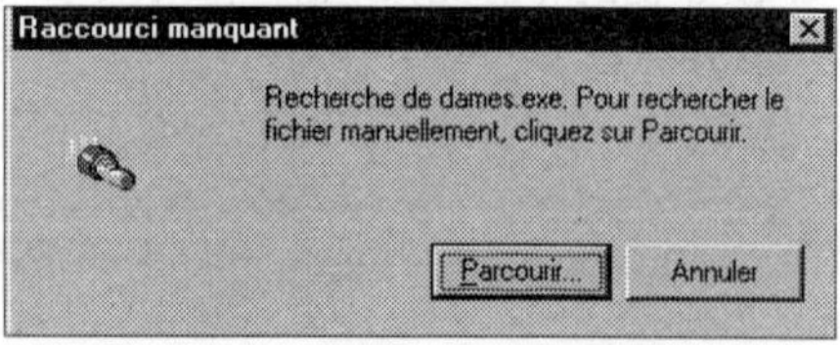

Explication L'icône sur laquelle vous avez cliqué

est ce qu'on appelle un raccourci. Elle contient, dans son coin inférieur gauche, une petite flèche (qui signifie qu'il s'agit d'un raccourci). Un raccourci est programmé pour ouvrir un fichier ou un programme situé quelque part sur votre disque dur. Si ce programme a disparu ou a été déplacé, le raccourci ne le trouve pas et donc le recherche sur votre machine.

Solution

- Laissez-le faire.
- Après quelques instants (qui peuvent être longs), le message suivant s'affiche :
  L'élément (...) auquel ce raccourci renvoie a changé ou a été déplacé. Le plus proche en taille, date et type est (...). Voulez-vous que ce raccourci désigne cet élément ?
- Si vous pensez qu'il s'agit bien du programme ou du fichier à ouvrir, cliquez sur *Oui*.
- S'il ne s'agit pas du tout du programme ou du fichier à ouvrir, cliquez sur *Non*. Dans ce cas, vous pouvez supprimer l'icône du raccourci (celle sur laquelle vous avez cliqué).
- Si c'est un document que le raccourci devait ouvrir, il n'est plus sur le disque dur. Il est peut-être sur une disquette, une cartouche ZIP ou un CD-ROM. Ou alors, il faut le considérer comme perdu. Ouvrez quand même la Corbeille pour contrôler sa présence. Voyez à la page 78.
- Si c'est un programme que le raccourci devait ouvrir, il faudra l'installer à nouveau. Voyez à la page 137.

Le problème

Vous copiez ou vous déplacez un fichier sur une disquette ou dans un dossier et un message vous informe que le dossier contient déjà un fichier du même nom.

Symptôme Lorsque vous lâchez le bouton de la souris, le message suivant s'affiche :

Ce dossier contient déjà un fichier nommé (...).

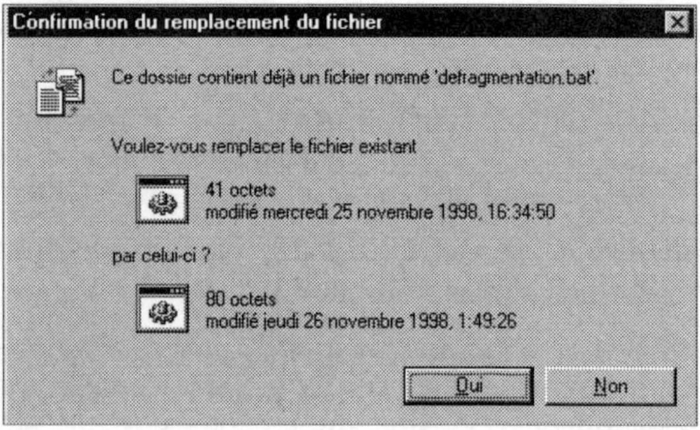

Explication Le fichier que vous glissez dans un dossier porte le même nom qu'un fichier déjà existant dans ce même dossier. Cela ne signifie pas que leurs contenus soient identiques. Ce sont uniquement leurs noms qui sont identiques.

Le message vous propose de supprimer le fichier déjà présent dans le dossier pour le remplacer par celui que vous y glissez.

Solution

- Lisez attentivement le message. Il indique pour chacun des deux fichiers la taille et la date d'enregistrement.
- Cliquez sur *Oui* pour effectuer ce remplacement. Attention, le fichier remplacé disparaît définitive-

ment. Il n'est même pas transféré dans la Corbeille.

- Cliquez sur *Non* pour conserver le fichier existant. Le déplacement (ou la copie) du fichier est annulé. Renommez-le et glissez-le à nouveau dans le dossier.

Le problème **Vous voulez copier un fichier mais il est déplacé.**

Symptôme Vous faites glisser un fichier d'un dossier vers un autre : il est déplacé mais vous voudriez plutôt le copier.

Explication En fait, lorsque vous faites glisser l'icône d'un dossier vers un autre, si les deux dossiers sont sur deux lecteurs différents, le fichier est copié. Il est déplacé si les deux dossiers sont sur le même lecteur.

Solution

Pour forcer la copie ou le déplacement, quel que soit le lecteur où sont situés les dossiers d'origine et de destination :

- Faites glisser l'icône avec le bouton droit de la souris. Lorsque vous lâchez le bouton de la souris, un menu vous propose de copier ou de déplacer : faites votre choix en cliquant sur la commande qui vous convient.

Le problème **En copiant un fichier c'est un raccourci qui se crée.**

Symptôme Vous faites glisser l'icône d'un programme d'un dossier vers un autre et c'est un raccourci qui est créé.

Explication Le fichier n'est donc ni copié ni déplacé. C'est un comportement normal de la part de

Windows : quand vous déplacez un fichier exécutant un programme, c'est un raccourci qui est créé. En effet, il vaut mieux ne pas déplacer des programmes car ils risquent bien de ne plus fonctionner correctement par la suite. Mais les copier ne comporte aucun risque.

Solution

Pour copier ou déplacer un fichier programme :

- Faites-le glisser en enfonçant le bouton droit de la souris (plutôt que le bouton gauche). Lorsque vous lâchez le bouton de la souris, un menu s'ouvre vous proposant de créer un raccourci, de copier ou de déplacer le fichier. Faites votre choix en cliquant sur la commande qui vous convient.

Le problème

Vous supprimez un fichier et Windows vous demande une confirmation.

Symptôme Lorsque vous supprimez un fichier (ou plusieurs fichiers), le message suivant s'affiche :
Etes-vous sûr de vouloir envoyer (...) à la Corbeille ?

Solution

- Vous êtes sûr ? Cliquez sur *Oui*.
- Si vous regrettez d'avoir supprimé ce fichier, vous pouvez encore le récupérer en ouvrant la Corbeille. Voyez ci-dessous.

Le problème

Vous avez supprimé par erreur un fichier ou un dossier. Comment le retrouver ?

Explication Lorsque vous supprimez un fichier ou un dossier, il ne disparaît pas instantanément. Il est déplacé vers la Corbeille dont vous voyez l'icône sur le Bureau.

Solution

- Cliquez deux fois sur l'icône de la Corbeille.
- Recherchez le nom du fichier ou du dossier que vous avez supprimé.
- Cliquez dessus avec le bouton droit de la souris et choisissez la commande *Restaurer*.
- Le fichier retourne à son emplacement d'origine. Là où il était lorsque vous l'avez supprimé.

Le problème **L'heure affichée n'est pas correcte.**

Solution

- Cliquez deux fois sur l'heure affichée dans le coin inférieur droit de l'écran.

- Cliquez dans la zone de l'heure digitale et corrigez l'heure.

Par exemple

Si l'horloge affiche 11:53 alors qu'il est 11:58, cliquez entre 5 et 3. Une petite barre verticale doit clignoter. Enfoncez la touche *Suppr* pour effacer le 3. Tapez sur la touche *8*.

Profitez-en pour contrôler le fuseau horaire.

- Cliquez sur l'onglet *Fuseau horaire*.
- Cliquez sur la petite flèche pour ouvrir la liste et cliquez sur la ligne contenant la ville la plus proche de chez vous.
- Si votre pays décale l'heure en été, validez l'option *Ajuster l'horloge pour l'observation automatique de l'heure d'été.*
  Aux changements d'heure, l'horloge sera mise à jour automatiquement.
- Cliquez sur le bouton *OK*.

Le problème

Une commande dans le dossier *Programmes* du menu *Démarrer* est devenue inutile. Comment la supprimer ?

Symptôme Lorsque vous cliquez sur une commande dans le dossier *Programmes* du menu *Démarrer* , le message suivant s'affiche :

Recherche de (...). Pour rechercher le fichier manuellement, cliquez sur Parcourir.

Explication Il est probable que le programme qui devrait s'ouvrir a été désinstallé ou que les fichiers qui le font fonctionner sont endommagés.

Solution

- Supprimez cette commande inutile.
- Cliquez sur le bouton *Démarrer*.

- Posez le pointeur de la souris sur *Paramètres* et cliquez sur *Barre des tâches* (ou *Barre des tâches* et menu *Démarrer*).
- Cliquez sur l'onglet *Programmes* du menu *Démarrer*.
- Cliquez sur le bouton *Supprimer*.
- Cliquez sur le petit + devant le nom du dossier dans lequel est située la commande à supprimer.
- Cliquez sur le nom de la commande.
- Cliquez sur le bouton *Supprimer*.
- Cliquez sur le bouton *Fermer*.
- Cliquez sur le bouton *OK*.

Si vous avez encore besoin de ce programme, vous devrez le réinstaller. Voyez à la page 137.

Si vous regrettez de l'avoir supprimée, vous la trouverez dans la Corbeille. Voyez à la page 78 comment récupérer cette commande à partir de la Corbeille.

La Corbeille

Le problème **Windows vous annonce que le fichier (ou le dossier) est trop important pour la corbeille.**

Symptôme Au moment où vous supprimez des fichiers, le message suivant s'affiche :

Le fichier (ou le dossier) (...) est trop important pour la corbeille. Voulez-vous le supprimer définitivement ?

Explication Les fichiers que vous supprimez ont une trop grande taille pour entrer dans la Corbeille. Celle-ci est pleine.

Si vous désirez que ces fichiers soient déplacés vers la corbeille :

- Cliquez sur *Non*.
- Videz la Corbeille : cliquez avec le bouton droit de la souris sur l'icône de la Corbeille et choisissez la commande *Vider la corbeille*.
- Recommencez la suppression.

Si vous êtes sûr que vous ne le regretterez pas :

- Cliquez sur *Oui*. Les fichiers seront supprimés sans espoir de les retrouver.

En cliquant sur Tous, tous les autres fichiers que vous êtes occupé à supprimer seront eux aussi définitivement effacés. Videz quand même la Corbeille.

Le problème **Les fichiers que vous supprimez disparaissent sans se retrouver dans la Corbeille.**

Symptôme Quelle que soit la manière dont vous supprimez les fichiers, ils ne tombent jamais dans la Corbeille.

1. Commencez par vider la Corbeille.

- Cliquez avec le bouton droit sur l'icône de la Corbeille et choisissez la commande *Vider la Corbeille*.

2. Si les fichiers continuent à disparaître sans laisser de trace :

- Cliquez sur l'icône de la Corbeille avec le bouton droit de la souris et choisissez la commande *Propriétés.* Désactivez l'option *Ne pas déplacer les fichiers vers la Corbeille*.

Le disque dur

Le problème **Vous formatez un disque dur et un message vous demande si vous êtes sûr.**

Symptôme Vous avez cliqué avec le bouton droit de la souris sur l'icône d'un disque dur (dans le Poste de travail). Vous avez cliqué ensuite sur *Formater*. Dans la boîte de dialogue du formatage, vous avez cliqué sur le bouton *Démarrer*. Le message suivant est affiché :

Le lecteur est soit un disque dur, soit un disque de grande capacité amovible. Le formater détruira tous les fichiers présents sur ce lecteur. Etes-vous sûr de vouloir formater ce lecteur ?

Explication Le message est clair : tout ce qui est sur le disque dur (fichiers et dossiers) disparaîtra à tout jamais. C'est le grand nettoyage par le vide. C'est rare qu'il faille formater un disque dur. Etes-vous sûr(e) que c'est bien cela que vous voulez faire ?

Solution

Vous êtes sûr(e) : cliquez sur le bouton *OK*.

Vous vous êtes trompé(e) : cliquez sur le bouton *Annuler* puis sur le bouton *Fermer*.

Les disquettes et les cartouches ZIP

Le problème **Comment voir le contenu d'une disquette ou d'une cartouche ZIP?**

Solution

- Cliquez deux fois sur l'icône *Poste de travail*, présente sur le Bureau.

- Cliquez deux fois sur l'icône du lecteur de disquettes ou celle du lecteur de cartouches ZIP.

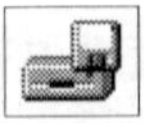

Le problème **Il est impossible de voir le contenu d'une disquette.**

Symptôme Vous essayez d'ouvrir un document sur une disquette à partir d'une application ou vous essayez de voir le contenu d'une disquette à partir du Poste de travail.

Le message suivant est affiché :

A:\ n'est pas accessible. Le périphérique n'est pas prêt.

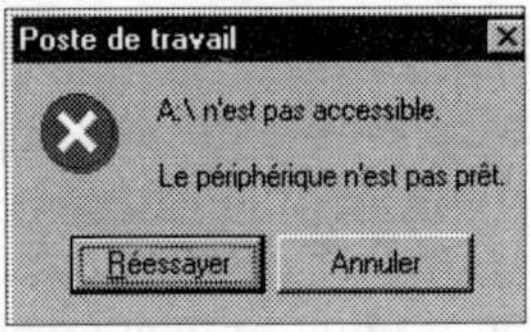

Explication Cela signifie soit que la disquette n'est pas dans le lecteur (ou qu'elle est mal introduite dans le lecteur), soit qu'elle est défectueuse. Il est possible également que le lecteur de disquettes lui-même soit en panne.

Solution

1. Sortez la disquette et introduisez-la à nouveau dans le lecteur. Cliquez sur le bouton *Réessayer*.

2. Si le même message revient, introduisez une autre disquette et cliquez sur le bouton *Réessayer*.

3. Si le même message persiste, il y a beaucoup de chance que le lecteur de disquettes soit en panne. Il faudra faire vérifier les connexions du lecteur de disquettes à l'intérieur de l'ordinateur et, éventuellement, le remplacer.

4. Si le contenu de la deuxième disquette est visible, la première est défectueuse et donc probablement inutilisable.

Le message suivant est affiché :
La disquette dans le lecteur A n'est pas formatée. Voulez-vous la formater maintenant ?

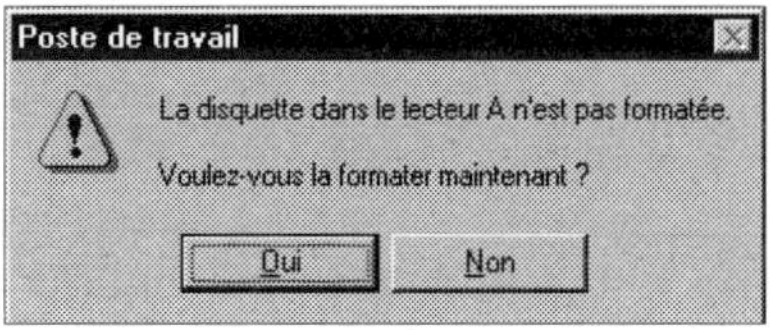

Explication La disquette est endommagée (ce qui rend son contenu illisible) ou elle provient d'un Macintosh.

Solution

1. Si vous êtes sûr que la disquette ne provient pas d'un Macintosh, les fichiers qu'elle contient sont perdus. Vous pouvez la reformater en cliquant sur le bouton *Oui*. Voyez à la page 88.

2. Si la disquette vient d'un Macintosh, ne la reformatez pas (ne cliquez pas sur le bouton *Oui*). Les fichiers ne sont pas lisibles par votre ordinateur mais ils ne sont pas perdus pour autant. Utilisez dans le Macintosh une disquette formatée pour PC. En effet, les Macintosh reconnaissent et utilisent sans problème les disquettes formatées PC mais le contraire n'est pas vrai.

Le problème

La disquette ou la cartouche ZIP n'entre pas dans le lecteur.

Symptôme Vous ne parvenez pas à introduire jusqu'au bout la disquette dans le lecteur. Vous n'entendez pas le petit déclic indiquant que la disquette est bien introduite. Ne forcez surtout pas !

Solution

1. Il est possible que vous n'entriez pas la disquette

dans le bon sens.

Entrez-la comme ceci :

2. Si elle ne veut vraiment pas entrer dans le lecteur, la disquette elle-même est physiquement endommagée. Jetez-la.

Le problème → **Une disquette reste bloquée dans le lecteur.**

Symptôme Vous avez tout essayé : lui chanter le tube de l'été, faire l'indifférent(e), la menacer de l'envoyer en vacances chez un Macintosh ou de la formater, lui promettre que vous ne l'effacerez jamais. Rien n'y fait : elle reste définitivement au fond du lecteur et ne veut plus en sortir.

Explication Elle est bloquée mécaniquement soit parce qu'elle a été mal introduite, soit (et c'est souvent le cas) parce que l'étiquette s'est décollée et bloque la disquette dans son logement.

Solution

Dans ce cas, il faut ouvrir et l'opération doit être confiée à un spécialiste. Notez que cela n'empêche pas l'ordinateur de fonctionner correctement.

Le problème → **Il est impossible d'enregistrer ou de copier des fichiers sur une disquette.**

Symptôme Vous essayez d'enregistrer un fichier sur une disquette à partir d'une application ou de copier des fichiers sur une disquette et l'un des trois messages suivants apparaît :

- La disquette dans le lecteur A n'est pas formatée. Voulez-vous la formater maintenant ?
- Impossible de copier (...). Ce disque est protégé en écriture. Retirez la protection en écriture ou utilisez un autre disque.
- A:\ n'est pas accessible. Le périphérique n'est pas prêt.

Solution

Si vous voyez le message

La disquette dans le lecteur A n'est pas formatée

- Voyez à la page 88 comment formater une disquette.

Si vous voyez le message

Impossible de copier (...). Ce disque est protégé en écriture, exécutez la procédure suivante :

- Retirez la disquette du lecteur.
- Sur la face arrière de la disquette, vous verrez dans le coin inférieur droit un petit volet coulissant sur une petite ouverture carrée.
- Si l'ouverture n'est pas recouverte par le volet, il est impossible d'écrire quoi que ce soit sur la disquette. On ne peut même pas la formater. Faites glisser le volet pour obturer l'ouverture.

Le message

A:\ n'est pas accessible. Le périphérique n'est pas prêt indique qu'il n'y a pas de disquette ou pas de cartouche dans le lecteur. Même un ordinateur ne peut pas deviner quelles sont les données que pourrait contenir la disquette à laquelle vous pensez !

Le problème

La disquette n'est pas formatée.

Symptôme Vous essayez de lire le contenu d'une disquette ou d'y enregistrer un fichier à partir d'une application ou d'y copier un fichier et vous obtenez le message :

La disquette dans le lecteur A n'est pas formatée. Voulez-vous la formater maintenant ?

Solution Si vous êtes sûr que la disquette ne provient pas d'un Macintosh, cliquez sur le bouton *Reformater*.

Note sur le formatage

Pour qu'une disquette soit utilisable par l'ordinateur, elle doit être préparée, c'est-à-dire divisée en zones numérotées dans lesquelles les fichiers pourront être copiés.

Le formatage est différent pour un PC et pour un Mac. Un PC ne peut pas lire des disquettes formatées pour un Mac. Mais un Macintosh peut lire et utiliser les disquettes formatées pour un PC.

Le problème

Il est impossible de copier un fichier sur une disquette ou une cartouche ZIP.

Symptôme Windows affiche le message suivant :

Le fichier est trop grand pour le lecteur de destination. Si possible insérez un disque de plus grande capacité.

Explication Le fichier que vous essayez de copier dépasse la taille de 1,4 Mo (pour une disquette) ou de 100 Mo (pour une cartouche ZIP). Comme une disquette a une capacité de 1,4 Mo et la cartouche ZIP une capacité de 100 Mo, le fichier ne pourrait pas tenir dessus.

Solution

Comme vous n'avez probablement pas de disquette ou

de cartouche ZIP de plus grande capacité, il faut trouver une autre solution.

1. Essayez de "zipper" le fichier. Vous devez avoir installé le programme Winzip. Voyez à la page 284.

- Cliquez avec le bouton droit de la souris sur le fond de la fenêtre du dossier où se trouve le fichier à copier.
- Choisissez la commande *Nouveau* puis *Winzip File*.
- Tapez dans l'étiquette du fichier *winzip* le nom qui vous convient.
- Glissez sur l'icône winzip le fichier à copier.
- Cliquez une fois sur l'icône du fichier zippé : sa taille est affichée dans la barre d'état au bas de la fenêtre du dossier. Vous pouvez voir ainsi s'il a moins de 1,4 Mo (pour une disquette) ou 100 Mo (pour une cartouche ZIP) et s'il peut tenir sur une disquette ou une cartouche ZIP.

2. Si sa taille dépasse toujours 1,4 Mo ou 100 Mo, il faudra le copier sur autre chose : une cartouche ZIP ou un CD-ROM, par exemple.

Le problème **Vous voulez copier une série de fichiers sur une disquette ou une cartouche ZIP mais il est impossible de les copier tous.**

Symptôme Vous essayez de copier des fichiers sur une disquette ou une cartouche ZIP. La copie a démarré sans problème. A un moment donné, la disquette ou la cartouche ZIP est pleine. Windows affiche le message : La disquette de destination est pleine. Insérez une nouvelle disquette pour continuer.

Explication Les disquettes ont une capacité de 1,4 Mo et les cartouches ZIP de 100 Mo. Dès que l'ajout d'un fichier devient impossible, Windows vous en informe au moyen de ce message.

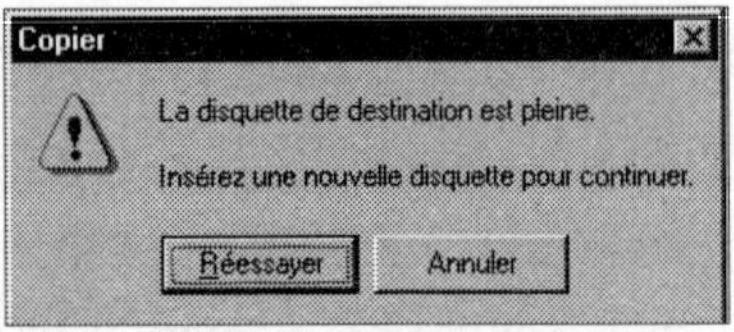

- Retirez la disquette ou la cartouche ZIP du lecteur.
- Insérez une nouvelle disquette ou cartouche ZIP.
- Cliquez sur le bouton *Réessayer*.

L'affichage et le multimédia (images, son, animation)

Le problème **L'affichage est de mauvaise qualité.**

Symptôme Les couleurs sont de mauvaise qualité : elles manquent de nuances. Les éléments sont affichés de manière grossière.

Explication Il faut adapter le mode d'affichage, si votre ordinateur le permet.

Solution

- Cliquez sur le bouton *Démarrer* puis sur *Paramètres* et enfin sur *Panneau de configuration*.
- Cliquez deux fois sur l'icône *Affichage*.

- Cliquez sur l'onglet *Paramètres*.
- Ouvrez la liste *Couleurs* et sélectionnez une autre configuration de couleurs. Plus vous sélectionnez dans le bas de la liste, plus les couleurs seront de bonne qualité.

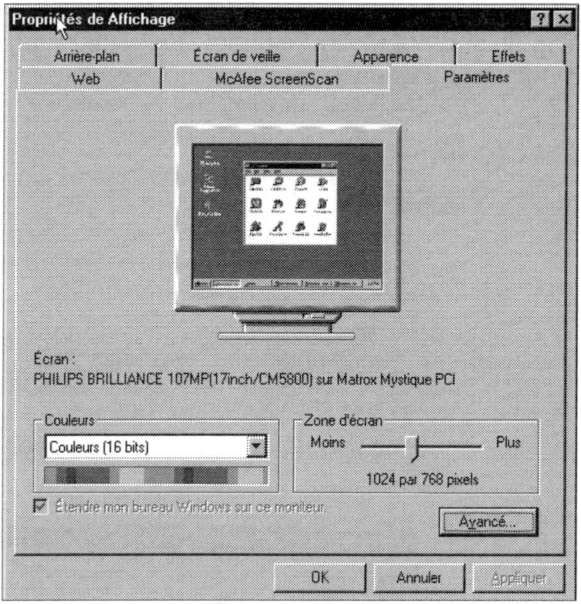

- Faites glisser le curseur de la *Zone d'écran* vers la droite : il permet d'augmenter le nombre de points (ou pixels) affichés sur la largeur et la hauteur de l'écran.

Attention

Les couleurs et le nombre de points (la définition) sont solidaires. En fonction de votre ordinateur (plus précisément de sa carte graphique), vous ne pourrez pas dépasser certaines valeurs limites.

Par exemple

Vous choisissez l'affichage des couleurs vraies mais aussitôt la définition de votre écran passe de 1024x768 à 800x600. Si vous faites glisser le curseur pour revenir à 1024 x 768, la qualité des couleurs baisse. A vous de trouver le bon compromis.

Si vous voulez à la fois beaucoup de couleurs et une définition d'écran élevée, il faut ajouter de la mémoire sur la carte graphique.

Le problème **Les animations restent figées, le texte est altéré.**

Solution

Vous devez modifier les paramètres d'affichage.

- Cliquez sur le bouton *Démarrer* puis sur *Paramètres* et enfin sur *Panneau de configuration*.
- Cliquez deux fois sur l'icône *Système*.

- Cliquez sur l'onglet *Performances*.
- Cliquez sur le bouton *Graphiques*.

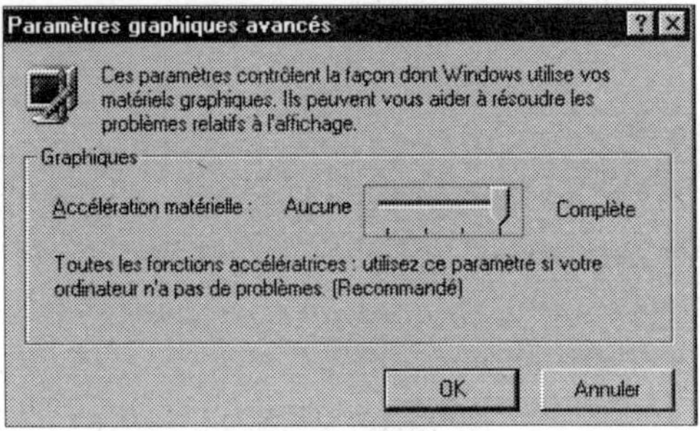

- Faites glisser le curseur d'un cran vers la gauche.
- Cliquez sur *OK* et encore une fois sur *OK* pour fermer la fenêtre *Système*.
- Redémarrez l'ordinateur.

Si le problème se présente à nouveau, recommencez et faites glisser le curseur d'un cran supplémentaire vers la gauche.

Le problème

Un message annonce que le fichier ne peut pas être exécuté.

Symptôme Vous tentez d'exécuter une animation et Windows affiche l'un des messages suivants :

Le fichier ne peut pas être exécuté sur un périphérique MCI spécifié.

MCIAVI nécessite une version plus récente de MSVIDEO. DLL; veuillez réinstaller votre logiciel vidéo.

Explication Un fichier système est endommagé ou manquant. Vous devez l'installer vous-même.

Solution

- Cliquez sur le bouton *Démarrer*.
- Posez le pointeur de la souris sur *Programmes*, puis sur *Accessoires* et *Outils Système*.
- Cliquez sur *Informations système*.
- Cliquez sur le menu *Outils*.
- Cliquez sur *Vérificateur des fichiers système*.
- Introduisez le CD-ROM de Windows dans le lecteur.
- Validez l'option *Extraire un fichier* à partir du disque d'installation.

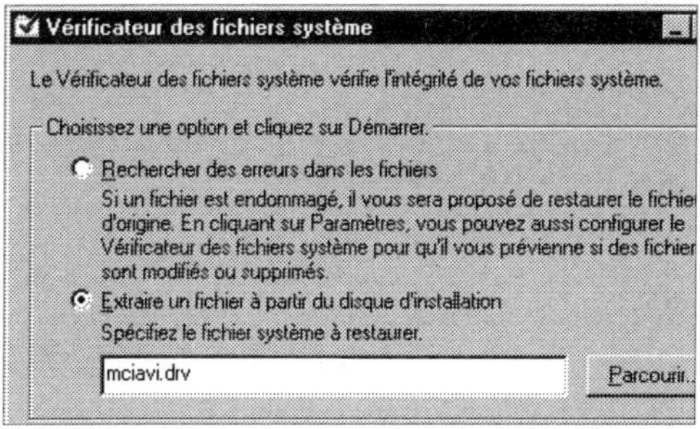

- Dans la zone blanche de la boîte de dialogue, entrez `mciavi.drv`
- Cliquez sur le bouton *Démarrer*.

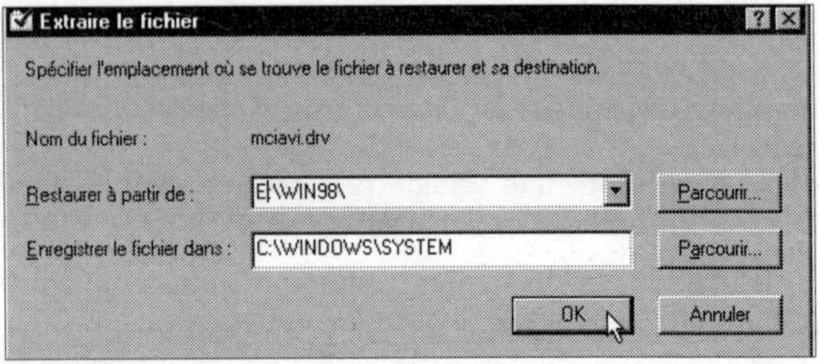

- Contrôlez que la zone *Restaurer à partir de* contient bien `x:\WIN98` (x est à remplacer par la lettre du lecteur de CD).
- Contrôlez que la zone *Enregistrer le fichier dans* contient bien `C:\WINDOWS\SYSTEM` (en supposant que Windows est bien installé sur le lecteur C).
- Cliquez sur *OK*.
- Windows vous propose d'effectuer une sauvegarde du fichier d'origine. Acceptez en cliquant sur *OK*.
- Patientez jusqu'à l'apparition du message suivant : Le fichier a été extrait.
- Cliquez sur *OK*.
- Cliquez sur *Fermer*.

Le problème **Vous n'entendez pas le moindre son.**

Symptôme Normalement, Windows doit faire entendre des sons de temps en temps mais il reste muet.

Solution

1. Est-ce que vous avez une carte son ?

2. Contrôlez à l'arrière de l'ordinateur si les haut-parleurs sont correctement connectés à la carte son, s'ils sont allumés et si le niveau du volume sonore est suffisant.

3. Vous n'entendez toujours rien ? Cliquez deux fois sur le petit haut-parleur situé à l'extrémité droite de la Barre des tâches.

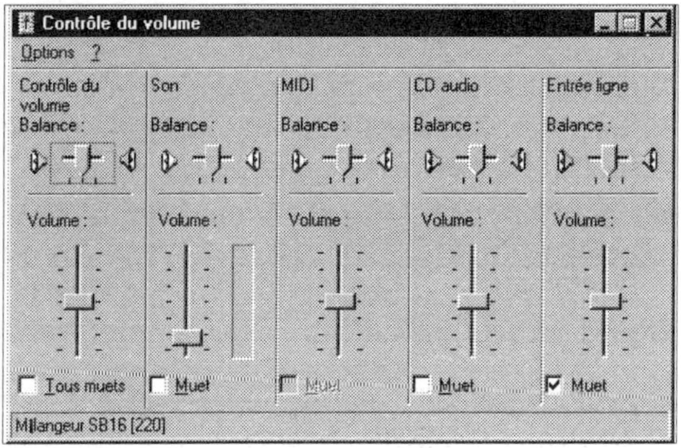

- Contrôlez que l'option *Tous muets* ne soit pas validée.
- Dans la section *Contrôle du volume*, montez le curseur vers le haut.
- Cliquez sur le menu *Options*.
- Cliquez sur la commande *Quitter*.

4. Si vous n'entendez toujours aucun son, contrôlez le volume sur la carte son elle-même : une petite molette doit être accessible à l'arrière de l'ordinateur. Certains écrans incorporent des haut-parleurs : le volume est à régler avec un bouton de l'écran lui-même.

Le problème **Le son est trop fort (ou trop faible).**

Solution Modifiez le volume sur les haut-parleurs ou avec un bouton sur l'écran lui-même.

- Cliquez deux fois sur le petit haut-parleur situé à l'extrémité droite de la Barre des tâches.

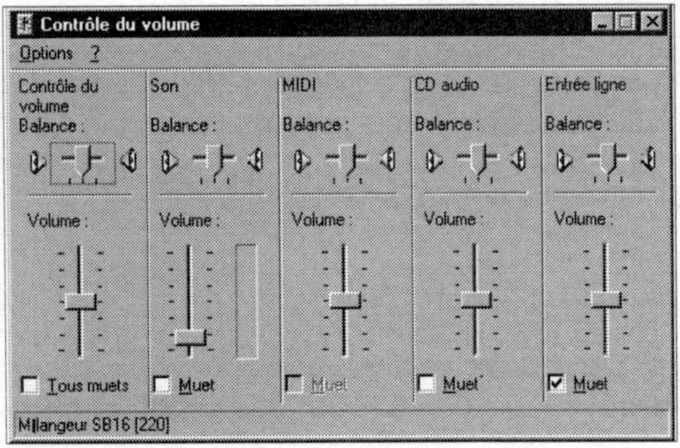

- Dans la section *Contrôle du volume*, montez le curseur vers le haut.

Les CD-ROM

Le problème **Le lecteur de CD-ROM ne fonctionne pas bien.**

Symptôme Il ne lit pas bien les CD audio, pas plus que les CD-ROM. Bref, il est anémique.

Explication Il est mal reconnu par le système, ce qui le rend malade : c'est compréhensible !

Solution

1. Supprimez son installation dans le fichier de configuration du démarrage de l'ordinateur.

- Cliquez sur le bouton *Démarrer*.
- Cliquez sur *Exécuter*.
- Tapez sysedit dans la zone blanche.
- Cliquez sur le bouton *OK*.
- Dans la première fenêtre (C:\AUTOEXEC.BAT) repérez les lignes contenant le mot MSCDEX.
- Tapez `REM` suivi d'un espace au début de chacune de ces lignes.
- Cliquez sur le menu *Fichier* (dans le coin supérieur gauche de la grande fenêtre).
- Cliquez sur la commande *Quitter*.
- Dans la boîte de dialogue qui demande s'il faut enregistrer les changements, cliquez sur le bouton *Oui*.
- Cliquez sur le bouton *Démarrer*.
- Cliquez sur *Arrêter*.
- Dans la boîte de dialogue, validez l'option *Redémarrer*.
- Cliquez sur *OK*.

2. Si le lecteur de CD-ROM ne montre pas le moindre signe de rétablissement, il faudra utiliser une méthode plus drastique.

- Cliquez sur le bouton *Démarrer*.
- Cliquez sur *Arrêter*.

- Dans la boîte de dialogue, validez l'option *Redémarrer*.
- Cliquez sur le bouton *OK*.
- Quand vous voyez le message Démarrage de Windows dans le coin supérieur gauche, enfoncez la touche *F8*.
- Un menu s'affiche en blanc sur fond noir. Tapez le chiffre correspondant au mode sans échec et enfoncez la touche *Entrée*.
- Lorsque Windows a démarré, l'affichage est très mauvais mais n'en tenez pas compte.
- Cliquez sur le bouton *Démarrer*.
- Posez le pointeur de la souris sur *Paramètres*.
- Cliquez sur *Panneau de configuration*.
- Cliquez deux fois sur l'icône *Système*.

- Cliquez sur l'onglet *Gestionnaire de périphériques*.
- Cliquez sur le petit signe + devant *CD-ROM*.
- Cliquez sur le nom de votre lecteur de CD-ROM.
- Cliquez sur le bouton *Supprimer*.
- Cliquez sur *OK*.
- Cliquez sur le bouton *Démarrer*.
- Cliquez sur *Arrêter*.
- Dans la boîte de dialogue, validez l'option *Redémarrer*.
- Cliquez sur le bouton *OK*.

Le lecteur de CD-ROM sera reconnu et installé automatiquement.

Le problème **Comment connaître la lettre du lecteur de CD-ROM ?**

Solution

- Sur le Bureau, cliquez deux fois sur l'icône du Poste de travail.
- Le lecteur de CD-ROM est visible dans la fenêtre.

Le lecteur de CD-ROM porte la lettre I : il est vide.

Le CD-ROM de Windows 98 est dans le lecteur.

Le problème **Un message d'erreur s'affiche quand vous voulez voir le contenu d'un CD-ROM.**

Symptôme Vous cliquez deux fois sur l'icône du lecteur de CD-ROM dans le Poste de travail ou vous voulez voir les données contenues dans un CD-ROM à partir d'une application. Windows affiche le message F:\ n'est pas accessible. Le périphérique n'est pas prêt.

Explication Soit il n'y a pas de CD-ROM dans le lecteur, soit le tiroir du lecteur est resté ouvert, soit le CD-ROM ne contient aucune donnée.

Le problème **Le CD-ROM est vide.**

Symptôme Vous cliquez deux fois sur l'icône du lecteur de CD-ROM dans le Poste de travail : la fenêtre du lecteur s'ouvre mais reste vide.

Explication Soit le CD-ROM ne contient pas de données, soit elles sont illisibles.

Solution

Pourquoi les données d'un CD-ROM seraient-elles illisibles ?

- Il peut y avoir une erreur de gravure, ce qui rend les fichiers inaccessibles.
- Mais, deuxième possibilité, le CD-ROM a peut-être été prévu uniquement pour les Macintosh. Les PC ne peuvent pas lire les CD-ROM Macintosh. Ce qui est évidemment une grave lacune !

Le problème **Les CD-ROM ne démarrent pas automatiquement.**

Explication Si un CD-ROM ne démarre pas automatiquement, c'est peut-être parce qu'il n'a pas été prévu pour démarrer automatiquement. Mais si un CD-ROM qui devrait démarrer automatiquement ne le fait pas, il faut modifier une option dans la configuration de Windows.

Solution

- Cliquez sur le bouton *Démarrer* et ensuite sur *Paramètres* puis sur *Panneau de configuration*.

- Cliquez deux fois sur l'icône *Système*.
- Cliquez sur l'onglet *Gestionnaire de périphérique*.
- Cliquez sur le petit signe + devant *CD-ROM*.
- Sélectionnez le nom de votre lecteur.
- Cliquez sur le bouton *Propriétés*.
- Cliquez sur l'onglet *Paramètres*.

- Activez l'option *Notification d'insertion automatique*.

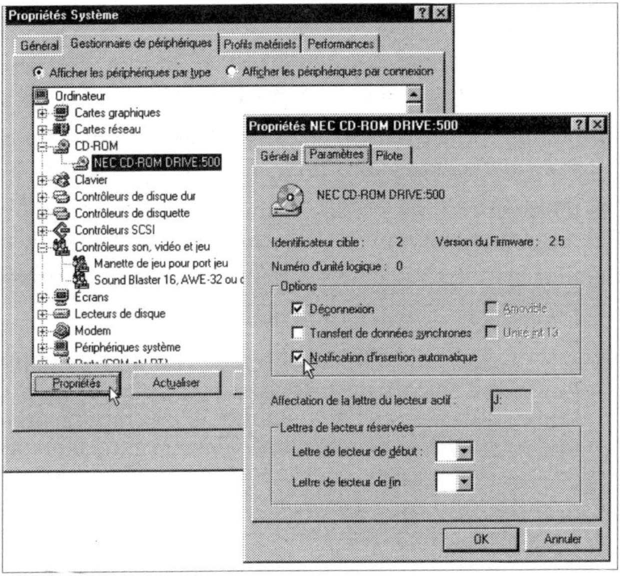

Note

Si vous désactivez cette option, aucun CD-ROM ne démarrera automatiquement.

- Cliquez sur les boutons *OK* pour fermer les boîtes de dialogue.

Le problème **Vous ne savez pas comment installer un CD-ROM multimédia.**

Solution

La plupart des CD-ROM démarrent automatiquement dès que vous les insérez dans le lecteur. Si c'est la première fois que vous l'utilisez, en principe, vous devriez voir à l'écran la procédure pour l'installer. Consultez quand même le mode d'emploi du CD car, parfois, les procédures d'installation sont un peu "exotiques".

1. Voyez si le paramètre de démarrage automatique des CD-ROM est actif (voyez à la page 100).

2. Essayez de l'installer manuellement.

- Cliquez sur le bouton *Démarrer* et ensuite sur *Paramètres* puis sur *Panneau de configuration*.
- Cliquez deux fois sur l'icône *Ajout/Suppression de programmes*.

- Cliquez sur le bouton *Installer*. L'Assistant d'installation démarre.
- S'il indique que Windows n'a pas pu trouver le programme d'installation, essayez une à une les instructions suivantes en cliquant sur le bouton *Terminer* une fois que vous l'avez tapée dans la zone blanche :

```
E:\Install
E:\Setup
E:\Installe
```

Dans ces trois instructions, on suppose que la lettre du lecteur de CD-ROM est E:. Remplacez E: par la lettre de votre lecteur de CD-ROM.

Comment connaître la lettre du lecteur de CD-ROM ? Voyez à la page 99.

3. Si rien ne fonctionne, ouvrez le Poste de travail.

Le texte sous l'icône du CD-ROM doit correspondre au titre du CD.

Si ce n'est pas le cas, le CD n'est pas reconnu et ne pourra pas être utilisé.

Vérifiez quand même si ce n'est pas votre lecteur qui est en panne :

- Introduisez un autre CD-ROM et, toujours dans la

fenêtre du Poste de travail, enfoncez la touche *F5* pour remettre à jour l'affichage. Si ce deuxième CD-ROM n'est toujours pas reconnu, votre lecteur est en panne ou Windows a un problème pour l'identifier. Il faut consulter un spécialiste.

4. Si, dans le texte sous l'icône, vous reconnaissez le titre du CD :

- Cliquez deux fois sur l'icône du CD-ROM. Soit il démarrera automatiquement, soit une fenêtre s'ouvrira pour afficher son contenu.
- Cliquez deux fois sur chacun des fichiers que vous voyez en espérant que l'un d'eux démarrera l'installation.

5. Si tous vos efforts sont vains, téléphonez ou envoyez un message à l'éditeur du CD : ses coordonnées devraient figurer dans le manuel fourni avec le CD-ROM.

Le problème **Un CD reste bloqué dans le lecteur. Le tiroir ne veut plus s'ouvrir.**

Solution

N'utilisez surtout pas une aiguille à tricoter, un tournevis ni même une tenaille.

1. Quittez Windows. Eteignez l'ordinateur, attendez une dizaine de secondes et rallumez-le.

2. Si le CD reste toujours bloqué, essayez de repérer sur la face avant un tout petit trou rond. Pas la prise du casque mais plus petit encore. Enfoncez tout doucement le bout d'une attache trombone ou une fine tige métallique (n'importe quoi d'assez fin sans être pointu).

3. Si le CD ne sort pas, il faudra qu'un technicien démonte le lecteur.

La souris

Le problème **Le pointeur de la souris ne bouge plus.**

Symptôme Vous faites glisser la souris sur votre table ou sur son tapis mais le pointeur à l'écran ne bouge pas.

Explication La souris est peut-être encrassée, mal connectée ou encore cassée. Il est possible également que Windows lui-même soit figé et bloque donc tout le système.

Solution

1. Enfoncez la touche *Ctrl* (gardez-la enfoncée) et enfoncez la touche *Echap*.

Si le menu *Démarrer* ne s'ouvre pas, Windows est bloqué (voyez que faire à la page 50).

Si le menu *Démarrer* s'ouvre, le problème est causé par la souris.

2. Nettoyez la souris.

- Retournez-la et sortez la bille. En général, la bille est maintenue dans le boîtier de la souris par un anneau qu'il suffit de tourner dans un sens ou dans l'autre.
- Frottez avec un peu d'alcool les petits cylindres que vous voyez dans le creux du boîtier, là où la bille vient se loger. Soufflez très fort dans ce creux et nettoyez-le.
- Nettoyez également la bille et le tapis de la souris. Remettez la bille en place ainsi que l'anneau.

3. Vérifiez si la souris est bien connectée à l'arrière de l'ordinateur. Vérifiez que les picots de la prise ne soient pas tordus ou cassés.

Le problème

Le pointeur de la souris ne se déplace pas régulièrement.

Symptôme Les mouvements du pointeur sont saccadés et irréguliers. La souris semble se traîner.

Explication Soit la souris est sale, soit le problème vient de Windows lui-même.

Solution

1. Nettoyez la souris. Voyez à la page 104.
2. Modifiez un paramètre d'affichage. Voyez à la page 49.

Le problème

Vous cliquez et rien ne se passe.

Symptôme Lorsque vous cliquez (une fois ou deux fois, avec le bouton gauche comme avec le bouton droit), rien ne se passe.

Solution

1. Si le pointeur de la souris bouge encore, l'application que vous utilisez est peut-être occupée à une tâche qui lui prend tout son temps.

Attendez quelques instants. Si le symptôme persiste, l'application est peut-être bloquée.

2. Il est probable alors que le pointeur ne soit pas affiché sous la forme d'une simple flèche mais qu'un sablier apparaisse à côté de la flèche. Si vous glissez la souris vers une autre fenêtre, tout redevient normal et vos clics sont bien perçus. C'est donc uniquement un dossier ou une application qui est figé. Que faire ? Voyez à la page 164.
3. Pour en avoir confirmation, cliquez sur le bouton

Démarrer. Si le menu *Démarrer* s'ouvre, c'est bien l'application qui s'est figée (voyez à la page 164).

4. Si la souris ne bouge plus du tout, soit elle est encrassée (voyez à la page 104), soit Windows est bloqué (voyez à la page 50).

Le problème **Le double clic de la souris ne fonctionne pas bien.**

Symptôme Lorsque vous cliquez deux fois sur une icône, parfois l'objet s'ouvre et parfois rien ne se passe.

Solution

1. Rappelez-vous que le double clic ne fonctionne qu'avec le bouton gauche de la souris. Le double clic avec le bouton droit n'a aucun effet spécial.

2. Voyez si rien n'empêche le bon fonctionnement des boutons de la souris.

3. Lorsque vous cliquez deux fois, essayez de ne pas déplacer (même très très peu) la souris. Si Windows détecte un déplacement de la souris entre les deux clics de votre double clic, il l'interprète comme deux clics successifs et non comme un double clic.

4. Agrandissez le délai entre deux clics pour que ceux-ci soient perçus par Windows comme un double clic.

- Cliquez sur le bouton *Démarrer* puis sur *Paramètres* et enfin sur *Panneau de configuration*.

- Cliquez deux fois sur l'icône *Souris*.
- Faites glisser le curseur vers l'extrémité *Lente*.
- Cliquez deux fois dans la zone de test sur la boîte à surprise. Si le clown sort de sa boîte ou s'il y rentre, vos deux clics sont bien perçus comme double clic.

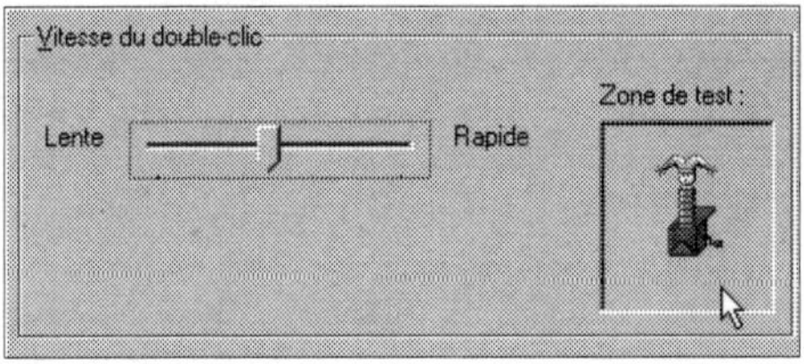

- Faites quelques essais (plus lent, plus rapide) pour essayer de définir le délai qui vous convient.

Si vous maniez la souris de la main gauche

Cliquez sur le bouton rond devant *Gaucher*. Si vous faites cela, vous devez remplacer gauche par droite et vice versa lorsqu'il est fait allusion aux boutons de la souris dans ce livre (comme dans tous les autres livres d'ailleurs).

- Terminez en cliquant sur le bouton *OK*.

Le problème **La souris se bloque lorsque le modem commence à fonctionner.**

Symptôme C'est systématique : le modem commence à composer le numéro et la souris est paralysée, figée sur place.

Solution

- Cliquez sur le bouton *Démarrer* puis sur *Paramètres* et enfin sur *Panneau de configuration*.
- Cliquez deux fois sur l'icône *Système*.

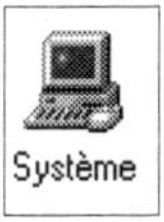

- Cliquez sur l'onglet *Gestionnaire de périphériques*.
- Dans la liste, cliquez sur le petit + devant *Ports (COM et LPT)*.

Combien de ports de communication avez-vous ?

Trois ou quatre ? Un périphérique connecté sur le port COM1 ne peut pas fonctionner en même temps qu'un autre connecté sur le port COM3. De même pour les ports COM2 et COM4. Supposons que la souris soit branchée sur COM1 et le modem sur COM3. Tant que le modem ne fonctionne pas, tout se passe bien. Dès que le modem commence à fonctionner, il prend la priorité et bloque la souris.

La solution ? Quittez Windows et arrêtez l'ordinateur. A l'arrière de l'ordinateur, branchez le modem sur le port COM2 ou COM4 et redémarrez.

Si vous n'êtes pas dans le cas décrit ci-dessus ou si cela ne va pas mieux après avoir branché le modem ailleurs, il faudra qu'un spécialiste jette un coup d'œil.

Le problème **Le pointeur de la souris se déplace trop vite ou trop lentement.**

Solution

- Cliquez sur le bouton *Démarrer* et choisissez *Paramètres* puis *Panneau de configuration*.
- Cliquez deux fois sur l'icône *Souris*.

- Cliquez sur l'onglet *Mouvement du pointeur*.

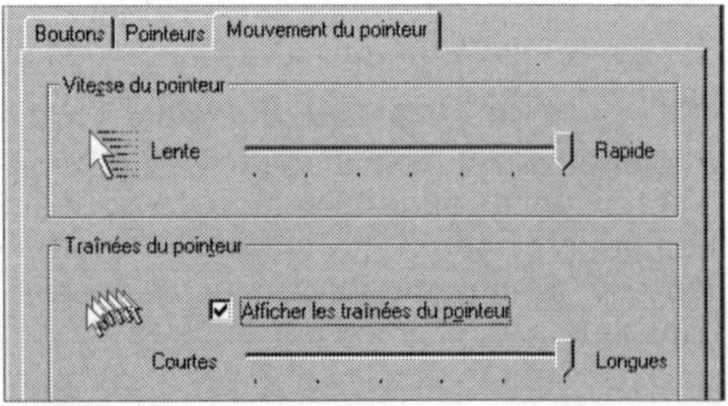

- Déplacez le curseur vers l'extrémité *Lente* ou *Rapide* selon que vous voulez ralentir ou accélérer la souris.

Le problème **Vous ne voyez pas bien le pointeur de la souris.**

Symptôme Les écrans (surtout ceux des ordinateurs portables) ne sont pas toujours très clairs. Vous avez des difficultés à repérer le pointeur de la souris.

- Cliquez sur le bouton *Démarrer* et choisissez *Paramètres* puis *Panneau de configuration.*
- Cliquez deux fois sur l'icône *Souris.*

- Cliquez sur l'onglet *Mouvement du pointeur.*
- Validez l'option *Afficher les traînées du pointeur.*

Le clavier

Le problème **Le clavier ne répond plus.**

Symptôme Vous tapez au clavier mais rien ne se passe : les caractères ne "passent" pas.

Explication Le problème est dû soit au clavier lui-même, soit à l'application que vous utilisez, soit à Windows.

1. Est-ce que le pointeur de la souris bouge normalement ?

Si oui, ouvrez une autre application et testez le clavier. S'il fonctionne parfaitement, c'est la première application qui est figée et qui n'accepte plus aucune donnée. Puisque la souris ne fonctionne pas plus que le clavier dans la fenêtre de cette application, il faut fermer cette application : voyez à la page 164.

2. Si le clavier ne fonctionne pas plus dans une autre application, alors que le pointeur de la souris se déplace normalement, vérifiez le branchement du clavier sur l'ordinateur. Vérifiez que les picots de la prise ne soient pas tordus ou cassés.

Si le branchement est correct, il est possible que vous deviez acheter un nouveau clavier.

3. Si le clavier est bloqué de même que le pointeur de la souris, c'est probablement Windows en personne qui est bloqué. Voyez comment faire à la page 50.

Le problème **Certaines touches du clavier restent "muettes".**

Symptôme Lorsque vous tapez, certaines touches restent inopérantes. Le caractère ne "passe" pas.

1. Nettoyez le clavier avec un aspirateur à faible puissance (pas trop fort pour éviter qu'il n'avale les touches).

2. Remplacez votre clavier par un nouveau si le nettoyage est inefficace. Profitez-en pour acheter une housse de plastique qui protègera le clavier quand vous n'utilisez pas l'ordinateur.

Le problème **En tapant sur le pavé numérique, vous n'obtenez pas les chiffres.**

Explication Le verrouillage numérique n'est pas actif.

Solution

Enfoncez la touche *Verr Num* dans le coin supérieur gauche du pavé numérique. En principe, un petit voyant s'allume quelque part sur le clavier lorsque le verrouillage numérique est activé.

Le problème **Lorsque vous enfoncez une touche, le caractère est répété plusieurs fois.**

Symptôme Vous tapez par exemple sur la touche "a" et plusieurs "a" successifs apparaissent dans votre document.

Explication Vous avez peut-être la main un peu lourde : vous gardez trop longtemps les doigts sur les touches du clavier.

Solution

1. Voyez si rien ne bloque la touche sur le clavier.
2. Modifiez le délai avant répétition des caractères.

- Cliquez sur le bouton *Démarrer* et choisissez *Paramètres* puis *Panneau de configuration.*

- Cliquez deux fois sur l'icône *Clavier.*
- Faites glisser vers la gauche le curseur *Délai* de répétition. Plus il est à gauche, plus le délai sera long avant qu'un caractère ne soit répété lorsque vous tapez sur une touche du clavier.
- Le deuxième curseur définit la vitesse à laquelle un caractère sera répété.
- Vous pouvez voir l'effet des options que vous avez choisies : cliquez dans la zone blanche et enfoncez une touche du clavier suffisamment longtemps pour que le caractère se répète.

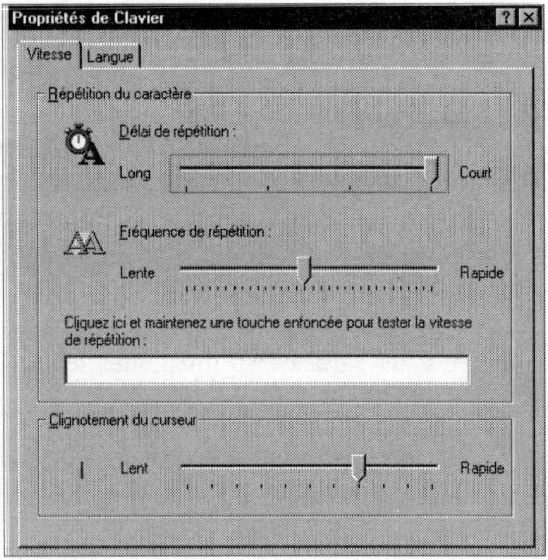

Le problème **Tous les caractères sont en majuscules.**

Symptôme Toutes les lettres que vous tapez s'inscrivent en majuscules.

Explication Les majuscules sont verrouillées sur votre clavier.

Solution

Selon votre clavier, il existe deux méthodes pour les déverrouiller : enfoncez la touche *Maj* ou la touche de blocage des majuscules.

L'imprimante

Le problème **L'imprimante n'imprime pas du tout.**

Symptôme Vous demandez l'impression avec la commande habituelle dans l'application que vous utilisez et rien ne se passe. L'imprimante n'a même pas un petit sursaut !

Eventuellement Windows affiche le message suivant : Erreur d'écriture sur LPT1: pour l'imprimante (...). L'imprimante n'est pas prête ...

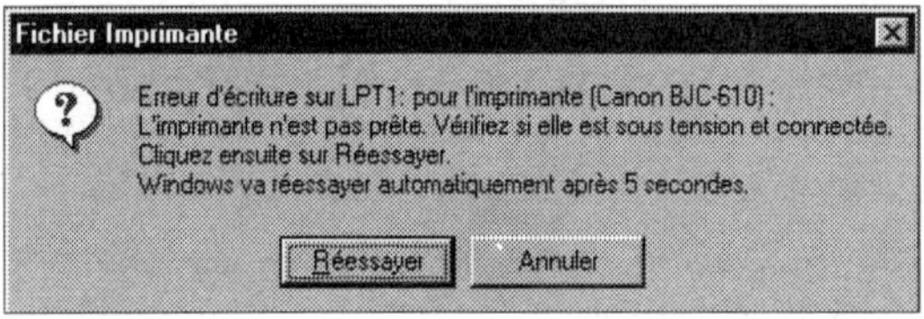

Solution

Résolvez le problème (voyez ci-dessous) et cliquez sur le bouton *Réessayer*.

Si vous cliquez sur le bouton *Annuler*, la demande d'impression sera annulée : il faudra exécuter à nouveau la commande d'impression.

1. Contrôlez si l'imprimante est sous tension.

2. Est-elle bien "on line" ? C'est-à-dire réceptive à ce que pourrait lui envoyer l'ordinateur. Un bouton (souvent nommé "on line") permet d'activer ou désactiver sa réceptivité. Un voyant allumé ou éteint en témoigne.

3. Est-elle bien raccordée à l'ordinateur ? Elle doit être branchée (en principe) sur un connecteur parallèle (nommé LPT1 ou LPT2) à l'arrière de l'ordinateur.

Vérifiez que les picots de la prise ne soient pas tordus ou cassés.

4. Est-elle fournie en encre et en papier ? N'y a-t-il pas un bourrage (une ou plusieurs feuilles bloquées dans ses entrailles) ?

5. Cliquez deux fois sur l'icône du Poste de travail et ensuite encore deux fois sur le dossier *Imprimantes*.

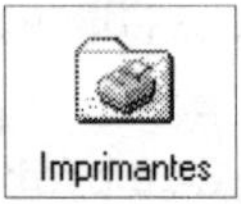

Assurez-vous que l'imprimante est bien marquée d'un signe √ qui indique l'imprimante par défaut (celle qui imprime automatiquement).

Si ce n'est pas le cas, Cliquez sur son icône avec le bouton droit de la souris et cliquez sur l'option *Définir par défaut*.

6. Si vous avez résolu l'un des problèmes précédents, l'impression est en attente. Il faut que Windows envoie à nouveau vers l'imprimante la demande d'impression. Si le message est encore visible, cliquez sur le bouton *Réessayer*.

- Cliquez deux fois sur l'icône de l'imprimante dans le dossier *Imprimantes* du Poste de travail: sa fenêtre s'ouvrira. Elle contient une ligne pour chaque demande d'impression non encore réalisée.
- Ouvrez le menu *Imprimante* et, si l'option *Suspendre l'impression* est marquée, cliquez dessus. Normalement l'imprimante devrait se mettre au travail.

7. Si l'imprimante ne veut toujours pas travailler, supprimez toutes les demandes d'impression.

- Dans la fenêtre de l'imprimante, cliquez sur le menu *Imprimante* puis sur la commande *Purger les docu-*

ments d'impression.

- Eteignez l'imprimante et attendez quelques instants avant de la rallumer.
- Recommencez à imprimer à partir de l'application contenant le document que vous désirez coucher sur papier.

8. Si vous avez tout essayé, vous avez perdu assez de temps. Il faut confier le problème à un spécialiste. Il est possible que l'imprimante elle-même soit en panne.

Le problème **Comment installer une imprimante ?**

Solution

Consultez le manuel de l'imprimante. Certains constructeurs ont prévu une installation spécifique. Dans ce cas, le programme d'installation est fourni sur un CD-ROM ou une disquette accompagnant l'imprimante. La procédure est expliquée dans le manuel.

Si le constructeur n'a rien prévu de spécial, suivez la procédure suivante :

- Cliquez sur le bouton *Démarrer,* puis sur *Paramètres* et enfin sur *Imprimantes.*
- Cliquez deux fois sur l'icône *Ajout d'imprimante.*

- Cliquez sur *Suivant.*
- Validez l'option *Imprimante locale* et cliquez sur *Suivant.*
- Recherchez dans la liste des constructeurs la marque de votre imprimante. Cliquez dessus.
- Recherchez dans la colonne droite le modèle de votre imprimante et cliquez dessus.

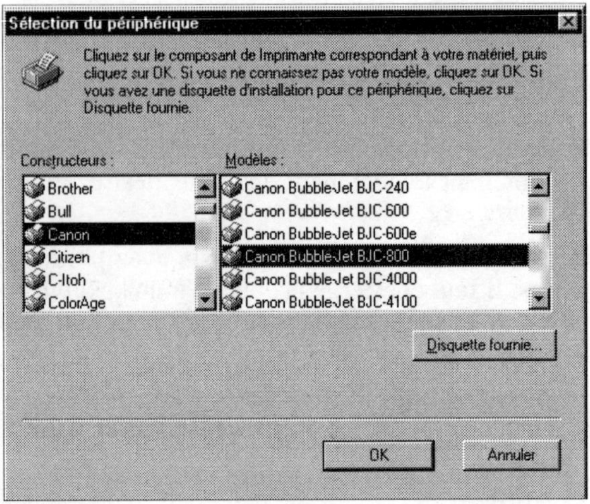

- Si le modèle de votre imprimante n'est pas dans la liste, vous avez probablement reçu avec l'imprimante une disquette ou un CD-ROM. Introduisez-le dans le lecteur et cliquez sur le bouton *Disquette fournie*.
- Cliquez sur le bouton *Parcourir*.
- Cliquez sur la petite flèche de la liste *Lecteurs* et cliquez sur la lettre du lecteur où vous avez introduit la disquette ou le CD-ROM.
- Eventuellement, il faut encore cliquer deux fois sur un dossier dans la zone blanche de droite. Quel dossier ? Consultez encore une fois le manuel de l'imprimante. Sinon, essayez-les tous jusqu'à ce que le nom d'un fichier apparaisse dans la grande zone blanche de gauche.
- Cliquez sur *OK*.

Note

Vous n'avez plus ou vous avez perdu la disquette ou le CD-ROM nécessaire à l'installation de l'imprimante. Vous pouvez télécharger sur Internet le fichier

nécessaire (appelé fichier pilote). Voici l'adresse d'un site Web où vous serez orienté vers le site du constructeur de votre imprimante :
http://www.paris2.net/driver/

- Cliquez sur *Suivant*.
- Cliquez sur LPT1 puis sur *Suivant*.
- Validez l'option *Oui* pour indiquer que cette imprimante sera l'imprimante par défaut. Cliquez sur le bouton *Suivant*.
- Validez l'option *Oui* pour imprimer une page de test et cliquez sur *Terminer*. Il est possible que vous deviez introduire à ce moment le CD-ROM de Windows.
- Un message vous demande si la page de test s'est imprimée correctement. Si ce n'est pas le cas, Windows tentera de vous aider à trouver une solution.

Le problème **Comment désinstaller une imprimante ?**

Solution

- Cliquez sur le bouton *Démarrer*, puis sur *Paramètres* et enfin sur *Imprimantes*.
- Cliquez sur l'icône de votre imprimante et enfoncez la touche *Suppr*.
- Un message vous demandera si vous êtes sûr de vouloir supprimer l'imprimante. Cliquez sur *Oui*.
- Un dernier message s'affiche :
  Certains fichiers utilisés par cette imprimante ne sont plus nécessaires. Souhaitez-vous supprimer ces fichiers maintenant ?
- Puisque vous supprimez l'imprimante, il n'est pas

nécessaire de conserver les fichiers qu'elle utilise. Cliquez sur *Oui*.

Le problème **Les images ne s'impriment pas en entier ou sont déformées.**

Explication Si l'imprimante imprime correctement des documents contenant du texte ou contenant une toute petite image, il est probable qu'elle manque de mémoire.

Solution

Il faut donc ajouter de la mémoire à l'intérieur de l'imprimante ou encore réduire la résolution d'impression des graphiques.

- Cliquez sur le bouton *Démarrer*, puis sur *Paramètres* et enfin sur *Imprimantes*.
- Cliquez avec le bouton droit de la souris sur l'icône de votre imprimante. Cliquez sur *Propriétés*.
- Cliquez sur l'onglet *Graphiques*.
- Réduisez la résolution d'impression des graphiques.
- Si l'imprimante n'imprime même pas un tout petit graphique, contrôlez dans son mode d'emploi les paramètres à définir dans cette boîte de dialogue.

Note

La résolution d'impression des graphiques se mesure en points par pouce (dots per inch en anglais), c'est-à-dire en nombre de points imprimés sur la largeur d'un pouce (3,54 cm). Plus le nombre de points par pouce est élevé, plus la résolution est importante, plus l'imprimante a besoin de mémoire.

Le problème **Certaines polices de caractères s'impriment mal ou même pas du tout**

Explication La police de caractères que vous utilisez est probablement endommagée.

Solution

1. Repérez le nom de la police qui pose problème.

- Cliquez sur le bouton *Démarrer*, puis sur *Paramètres* et enfin sur *Panneau de configuration*.
- Cliquez deux fois sur l'icône *Polices*.

- Recherchez le nom de la police qui ne s'imprime pas. Si vous ne trouvez pas, il vaut mieux choisir une autre police dans votre document.

2. Si vous la trouvez, cliquez sur son icône avec le bouton droit de la souris et cliquez sur *Imprimer*.

Si l'impression est correcte, votre document contient probablement trop de polices de caractères ou trop de tailles de caractères différentes ou encore trop de mises en évidence (gras, italique, souligné, ...).

3. Si l'impression n'est pas correcte, la police de caractères est endommagée. Il faut la réinstaller.

- Téléphonez à vos amis, à vos connaissances pour savoir s'ils possèdent la police (ils la verront eux aussi comme vous dans le Panneau de configuration). Demandez à celui qui possède la police de la copier sur une disquette (il glisse l'icône de la police sur l'icône du lecteur de disquettes dans le Poste de travail).
- Lorsque vous disposez de la disquette, introduisez-la dans le lecteur.
- Cliquez sur le bouton *Démarrer*, puis sur *Paramètres* et enfin sur *Panneau de configuration*.

- Cliquez deux fois sur l'icône *Polices*.
- Cliquez sur le menu *Fichier* (en haut à gauche de la fenêtre).
- Cliquez sur *Installer une nouvelle police*.
- Cliquez sur la petite flèche des lecteurs pour ouvrir la liste et cliquez sur *a:*
- Dans la zone *Liste des polices*, cliquez sur le nom de la police.
- Cliquez sur le bouton *OK*.

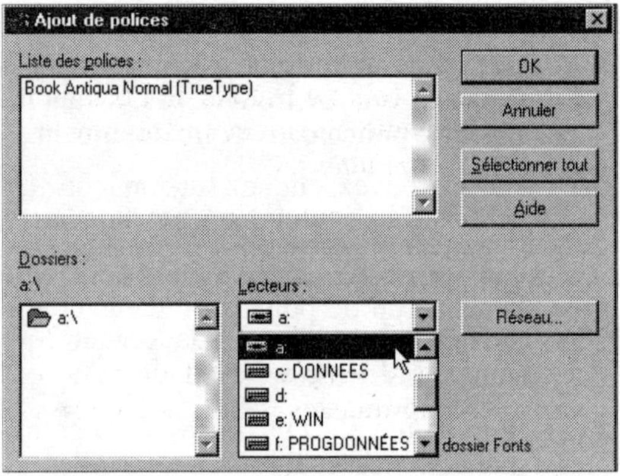

Le problème ► **L'imprimante n'imprime pas les pages en entier.**

Symptôme L'imprimante imprime une demi, deux tiers ou trois quarts de page et éjecte la feuille.

Explication Il s'agit probablement d'une imprimante laser. Les pages que vous lui demandez d'imprimer contiennent beaucoup d'images ou encore beaucoup de polices ou de tailles de caractères différentes.

Solution

Ajoutez de la mémoire à l'imprimante ou allégez les pages à imprimer.

Le problème

Chaque page est imprimée plusieurs fois alors que vous n'avez demandé qu'une seule copie.

Symptôme Systématiquement, l'imprimante produit plusieurs copies de chaque page alors que vous n'avez demandé qu'un seul exemplaire.

Solution

- Cliquez deux fois sur l'icône du Poste de travail et ensuite encore deux fois sur le dossier *Imprimantes*.

- Cliquez avec le bouton droit de la souris sur l'icône de l'imprimante et choisissez la commande *Propriétés*.

- Recherchez l'option *Copies* dans les différents onglets. L'emplacement de cette option varie selon les imprimantes. Contrôlez que sa valeur soit bien 1.

Le problème

Avec une imprimante à jet d'encre, les caractères ne sont pas imprimés complètement.

Explication Soit les buses qui éjectent l'encre sont partiellement bouchées, soit il manque de l'encre.

Solution

1. Vérifiez si les cartouches d'encre sont bien remplies.

2. Nettoyez les buses : consultez le mode d'emploi de l'imprimante. La procédure y est décrite.

3. Si le problème persiste, il est possible qu'il faille changer les têtes d'impression. C'est le travail d'un technicien.

Le problème **Avec une imprimante laser, l'impression est pâle et irrégulière.**

Explication L'encre n'est pas distribuée régulièrement la cartouche est presque vide.

Solution

1. Sortez la cartouche d'encre et secouez-la horizontalement de gauche à droite.

2. Si le problème persiste, remplacez la cartouche d'encre.

Le problème **Comment arrêter une impression en cours ?**

Symptôme Vous avez demandé l'impression d'un document et vous le regrettez. L'imprimante a déjà commencé son travail.

Solution

Inutile d'attendre patiemment la sortie des 83 pages de votre document que vous jetterez immédiatement à la poubelle.

- Dès qu'une tâche d'impression est en cours d'exécution, une petite imprimante apparaît à l'extrémité droite de la barre des tâches de Windows. Cliquez deux fois dessus.
- La fenêtre de l'imprimante s'ouvre.

- Cliquez avec le bouton droit de la souris sur l'intitulé du document dont vous désirez arrêter l'impression.
- Choisissez la commande *Annuler l'impression.*

Le problème **Comment imprimer immédiatement un document alors que plusieurs documents sont en cours d'impression ?**

Solution

Normalement, l'imprimante traite les tâches d'impression dans l'ordre où elle les a reçues. Mais il est quand même possible de modifier cet ordre.

- Cliquez deux fois sur la petite imprimante qui apparaît à l'extrémité droite de la barre des tâches de Windows.
- La fenêtre de l'imprimante s'ouvre.
- Cliquez sur le nom du document que vous désirez imprimer en priorité.
- Gardez enfoncé le bouton de la souris et faites-le glisser en haut de la liste.

Le problème **L'impression commence après un très long délai ou l'impression est très lente.**

Solution

- Cliquez sur le bouton *Démarrer,* puis sur *Paramètres* et enfin sur *Imprimantes*.
- Cliquez avec le bouton droit de la souris sur l'icône de votre imprimante. Cliquez sur *Propriétés*.
- Cliquez sur l'onglet *Détails*.

- Cliquez sur le bouton *Paramètres du spouleur*.
- Si vous validez l'option *Commencer l'impression après la dernière page*, le délai sera parfois long avant le début de l'impression mais l'impression sera assez rapide.
- Si vous validez l'option *Commencer l'impression après la première page*, le délai avant le début de l'impression sera court mais l'impression elle-même risque d'être plus lente.

Note

Lorsque vous imprimez un document, l'application que vous utilisez envoie les données à imprimer dans un fichier et non pas directement vers l'imprimante. C'est alors un autre programme, appelé spouleur, qui se charge d'envoyer le contenu du fichier vers l'imprimante pendant que vous continuez à utiliser normalement l'ordinateur.

Le modem

Le problème → **Le modem ne compose pas le numéro d'appel.**

Solution

Il y a beaucoup de raisons pour qu'un modem ne compose pas le numéro d'appel.

1. Avez-vous payé votre facture téléphonique ?

2. Votre modem compose peut-être en silence. Il est discret mais pas inactif. Patientez quelques instants après avoir démarré votre connexion à Internet et voyez si vous avez accès aux sites.

3. Dans le cas d'un appel pour une connexion Internet, contrôlez si le numéro d'appel est bien mentionné.

- Sur le Bureau, cliquez deux fois sur l'icône du Poste de travail.

- Cliquez deux fois sur l'icône *Accès réseau à distance.*
- Cliquez avec le bouton droit de la souris sur l'icône de votre connexion.

- Cliquez sur *Propriétés.*
- Contrôlez si le numéro d'appel et l'indicatif de zone sont corrects.
- Si l'indicatif de zone ne doit pas être composé (parce que vous êtes dans la même zone téléphonique que le numéro d'appel), la case à cocher devant *Utiliser l'indicatif…* doit être vide.

4. Contrôlez si le mode de composition (par tonalité ou par impulsion) est correctement paramétré.

- Cliquez sur le bouton *Démarrer* et choisissez *Paramètres* puis *Panneau de configuration.*

- Cliquez deux fois sur l'icône *Modems.*
- Cliquez sur le bouton *Propriétés de numérotation.*
- Validez l'option *Vocale* (ou *Par tonalité*) ou *Par impulsions.* Si vous ne savez pas quel type de composition choisir, sélectionnez *Par impulsions*.

Note

Lorsque vous composez un numéro de téléphone sur l'appareil téléphonique, qu'entendez-vous ?
Si vous entendez une petite musique, votre appareil utilise la composition vocale (ou par tonalité).
Si vous entendez des petits bruits secs (tic-tic-tic), votre appareil compose par impulsion.

5. Contrôlez si le modem est bien connecté à la prise électrique. Vérifiez s'il est bien en service. Quelques voyants rouges doivent être allumés.

6. Contrôlez si le modem est correctement connecté à l'ordinateur.

Attention : ne vous trompez pas de prise. La plupart des modems ont deux prises identiques : l'une pour connecter un appareil téléphonique, l'autre pour connecter au réseau téléphonique. Consultez le mode d'emploi si les indications ne sont pas suffisamment claires sur le boîtier du modem.

7. Vérifiez si le modem est correctement reconnu par Windows.

- Cliquez sur le bouton *Démarrer* et choisissez *Paramètres* puis *Panneau de configuration.*
- Cliquez deux fois sur l'icône *Modems*.

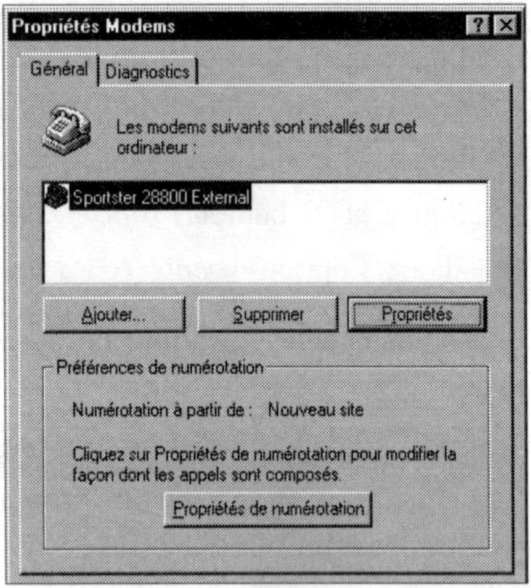

- Votre modem (sa marque et son modèle) doivent figurer dans la liste. Si ce n'est pas le cas, il faudra l'installer à nouveau : voyez à la page 135.

- Si d'autres modems sont présents dans la liste, sélectionnez chacun d'eux et cliquez sur le bouton *Supprimer*.
- Cliquez sur le bouton *Propriétés* et voyez le port de l'ordinateur sur lequel est connecté le modem. Contrôlez sur la face arrière de l'ordinateur si le câble venant du modem est bien connecté sur la prise de même nom (COM1 ou COM2, en général). Cliquez sur le bouton *OK* puis sur *Fermer*.

8. Vérifiez si Windows communique bien avec le modem.

- Cliquez sur le bouton *Démarrer* et choisissez *Paramètres* puis *Panneau de configuration*.

- Cliquez deux fois sur l'icône *Modems*.
- Cliquez sur l'onglet *Diagnostic*.
- Cliquez sur le nom de votre modem.
- Cliquez sur le bouton *Informations complémentaires*.

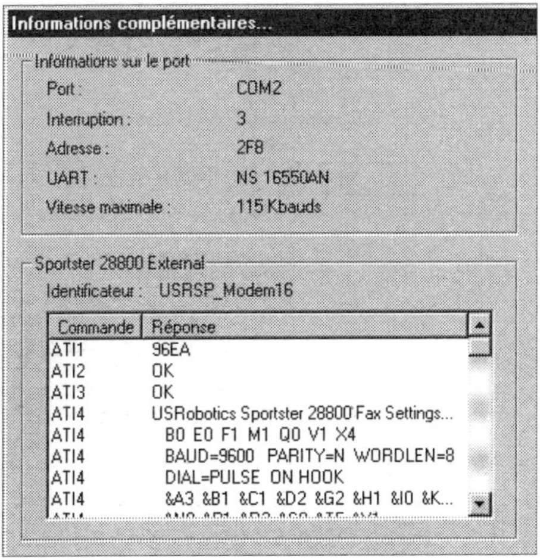

Si aucune information ne s'affiche ou si un message d'erreur est affiché, désinstallez et réinstallez le modem. Voyez à la page 135.

9. Vérifiez si le modem est correctement installé dans le système.

- Cliquez sur le bouton *Démarrer* et choisissez *Paramètres* puis *Panneau de configuration.*
- Cliquez deux fois sur l'icône *Système.*
- Cliquez sur l'onglet *Gestionnaire de périphériques.*
- Cliquez sur le petit signe + devant *Modems.*
- Cliquez sur le nom de votre modem.

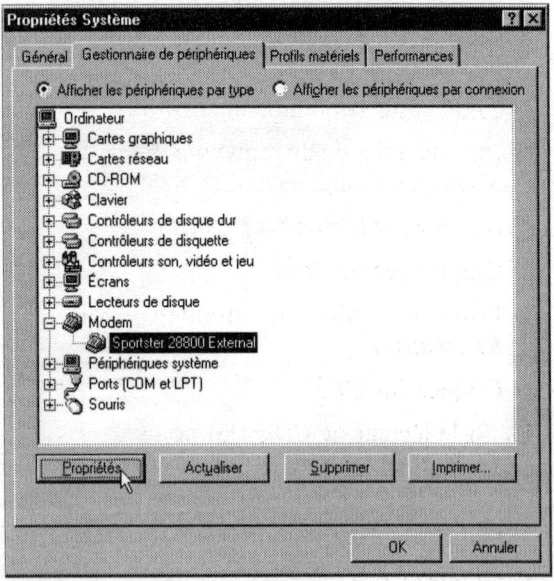

- Cliquez sur le bouton *Propriétés*.

Le cadre *Etat du périphérique* doit afficher : Ce périphérique fonctionne correctement.

Si ce n'est pas le cas, voyez à la page 135 comment désinstaller et installer un modem.

10. Si le modem ne veut toujours pas travailler, il faudra consulter un spécialiste.

Le problème **Le modem compose un mauvais numéro.**

Symptôme Lorsque vous cliquez sur l'icône de connexion à votre fournisseur d'accès Internet, le modem ne compose pas exactement le numéro.

Explication Soit le numéro d'appel n'est pas correct, soit les paramètres de votre emplacement d'appel sont erronés.

Solution

1. Contrôlez si c'est le bon numéro qui est indiqué pour cette connexion.

- Sur le Bureau, cliquez deux fois sur l'icône du Poste de travail.
- Cliquez deux fois sur l'icône *Accès réseau à distance*.

- Cliquez avec le bouton droit de la souris sur l'icône de votre connexion.

- Cliquez sur *Propriétés*.
- Contrôlez si le numéro d'appel et l'indicatif de zone sont corrects.
- Si l'indicatif de zone ne doit pas être composé (parce que vous êtes dans la même zone téléphonique que le

numéro d'appel), la case à cocher devant *Utiliser l'indicatif ...* doit être vide.

2. Cliquez sur le bouton *Démarrer* et choisissez *Paramètres* puis *Panneau de configuration*.

- Cliquez deux fois sur l'icône *Modems*.
- Cliquez sur le bouton *Propriétés de numérotation*.
- Contrôlez si le nom du pays est correct.
- Contrôlez si l'indicatif de zone (le code régional) est correct.
- Si vous passez par un standard téléphonique, vous devez probablement composer un numéro pour l'accès à une ligne extérieure. Ce numéro est-il correct ?

Le problème **Le modem s'obstine à composer un 0 avant chaque numéro d'appel.**

Symptôme Chaque fois que le modem compose un numéro, il introduit automatiquement un 0 avant le numéro à composer.

- Cliquez sur le bouton *Démarrer* puis posez le pointeur de la souris sur *Paramètres*.

- Cliquez sur *Panneau de configuration*.
- Cliquez deux fois sur l'icône *Modems*.
- Cliquez sur le bouton *Propriétés de numérotation*.
- Cliquez sur la petite flèche à côté de l'option *Lieu d'appel* (ou *Je suis à*).
- Dans la zone de l'option *Code régional* (ou *L'indicatif est*), tapez `0`.
- Cliquez sur le bouton *OK*.

- Cliquez deux fois sur l'icône du Poste de travail (elle est sur le Bureau).
- Cliquez avec le bouton droit de la souris sur l'icône de votre connexion.

- Cliquez sur *Propriétés.*
- Supprimez le zéro devant le numéro d'appel.
- Supprimez les chiffres dans l'indicatif de zone.
- Cliquez sur la flèche de la liste *Indicatif du pays* et cliquez sur le nom de votre pays (*France* par exemple)
- Cliquez sur *OK.*

Le problème

Le modem fonctionne mal.

Solution

Que faire si le modem ne se comporte pas comme il le devrait ?

1. Vérifiez qu'il ne s'agit pas d'un problème de numérotation (voyez plus haut).

2. Réduisez la vitesse des connexions.

- Cliquez sur le bouton *Démarrer.*
- Posez la souris sur *Paramètres.*
- Cliquez sur *Panneau de configuration.*
- Cliquez deux fois sur l'icône *Modems.*

- Cliquez sur le nom de votre modem.
- Cliquez sur le bouton *Propriétés.*
- Cliquez sur la petite flèche dans la zone *Vitesse maximale.*

- Cliquez sur une vitesse inférieure à celle qui était sélectionnée.
- Cliquez sur le bouton *OK* puis sur le bouton *Fermer*.

3. Introduisez le code qui réinitialisera le modem à chaque connexion.

- Toujours dans la boîte de dialogue des propriétés du modem, cliquez sur l'onglet *Connexion*.
- Cliquez sur le bouton *Avancées*.

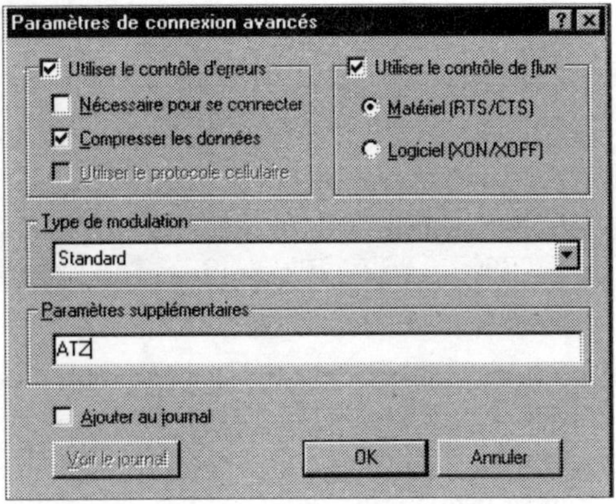

- Dans la zone *Paramètres supplémentaires*, tapez `ATZ`.
- Cliquez sur le bouton *OK*, encore sur *OK* puis sur le bouton *Fermer*.

4. Annulez la compression.

- Toujours dans la boîte de dialogue des propriétés du modem, cliquez sur l'onglet *Connexion*.
- Cliquez sur le bouton *Avancées*.
- Désactivez l'option *Compresser les données*.
- Cliquez sur le bouton *OK*, encore sur *OK* puis sur le bouton *Fermer*.

5. Réinstallez le modem. Voyez à la page 135.

Le problème **Le modem compose le numéro d'appel et fait entendre ses bruits habituels mais ne se connecte pas.**

Symptôme Le problème est situé soit de votre côté, soit du côté de l'ordinateur que vous appelez.

1. Vérifiez les paramètres de la connexion.

- Sur le Bureau, cliquez deux fois sur l'icône du Poste de travail.

- Cliquez deux fois sur l'icône *Accès réseau à distance*.

- Cliquez avec le bouton droit de la souris sur l'icône de votre connexion.
- Cliquez sur *Propriétés*.
- Vérifiez si le numéro d'appel est bien celui de l'ordinateur à contacter.
- Vérifiez si l'état de l'option *Utiliser l'indicatif de zone* est correct.

2. Vérifiez la vitesse de la connexion.

- Dans la boîte de dialogue des propriétés, cliquez sur le bouton *Configurer* (au bas de l'onglet *Général*).
- Cliquez sur la petite flèche dans la zone *Vitesse maximale*.
- Cliquez sur une vitesse inférieure ou égale à celle du modem de l'ordinateur que vous contactez. Cliquez sur le bouton *OK* puis sur le bouton *Fermer*.

3. Vérifiez les paramètres de connexion.

- Toujours dans la boîte de dialogue des propriétés, cliquez sur l'onglet *Connexion*.

- Contrôlez si les bits de données, la parité et les bits d'erreur sont identiques à ceux de l'ordinateur que vous appelez (s'il s'agit de votre fournisseur d'accès Internet, voyez les documents qu'il vous a remis).

Si vous ne savez pas quoi indiquer

Voici les valeurs les plus fréquentes :

Bits de données : `8`
Parité : `Aucune`
Bits d'erreur : `1`

Le problème **Le modem est trop (ou pas assez) bruyant.**

Symptôme Lorsque le modem compose le numéro, on l'entend dans tout le quartier ou, au contraire, on n'entend rien du tout.

1. Voyez s'il n'existe pas sur le modem lui-même un bouton de réglage du volume sonore.

2. Modifiez les paramètres du modem.

- Cliquez sur le bouton *Démarrer.*
- Posez la souris sur *Paramètres.*
- Cliquez sur *Panneau de configuration.*
- Cliquez deux fois sur l'icône *Modems.*

- Cliquez sur le nom de votre modem.
- Cliquez sur le bouton *Propriétés.*
- Faites glisser le curseur *Volume du haut-parleur* vers la gauche ou vers la droite.

Le problème **Comment désinstaller et installer un modem ?**

Explication En cas de problème avec un modem, il est parfois plus simple et plus rapide de le désinstaller et de l'installer à nouveau. Une nouvelle installation résoudra peut-être la situation.

1. Désinstallez et installez à nouveau le modem.

- Allumez le modem.
- Cliquez sur le bouton *Démarrer* et choisissez *Paramètres* puis *Panneau de configuration*.
- Cliquez deux fois sur l'icône *Modems*.

- Sélectionnez le nom de votre modem.
- Cliquez sur le bouton *Désinstaller* et attendez quelques instants jusqu'à ce que le modem disparaisse de la liste.
- Cliquez sur le bouton *Ajouter*. L'Assistant d'installation démarre.
- Cliquez sur le bouton *Suivant* sans valider l'option *Ne pas détecter le modem.*
- L'Assistant recherche le modem et entre en communication avec lui pour obtenir sa marque et son modèle.
- S'il indique bien la marque et le modèle de votre modem, cliquez sur le bouton *Suivant*.
- Sinon, cliquez sur le bouton *Modifier*. Sélectionnez la marque et le modèle de votre modem et cliquez sur le bouton *OK*.
- Cliquez sur le bouton *Suivant*, introduisez le CD-ROM de Windows dans le lecteur et patientez quelques instants.

- Cliquez enfin sur le bouton *Terminer*.

Note

Si votre modem ne figure pas dans la liste, vous avez probablement reçu une disquette (ou un CD-ROM) avec le modem. Introduisez-la (ou le) dans le lecteur et cliquez sur le bouton *Disquette fournie*. Cliquez ensuite, dans la liste, sur la lettre du lecteur de disquette (ou de CD-ROM) et cliquez sur OK.

2. Si le modem ne fonctionne pas, vérifiez s'il n'y a pas un conflit de ports.

- Cliquez sur le bouton *Démarrer* puis sur *Paramètres* et enfin sur *Panneau de configuration*.
- Cliquez deux fois sur l'icône *Système*.

- Cliquez sur l'onglet *Gestionnaire de périphériques*.
- Dans la liste, cliquez sur le petit + devant *Ports (COM et LPT)*.

Combien de ports de communication avez-vous ?

Trois ou quatre ? Un périphérique connecté sur le port COM1 ne peut pas fonctionner en même temps qu'un autre connecté sur le port COM3. De même pour les ports COM2 et COM4. Supposons que la souris soit branchée sur COM1 et le modem sur COM3. Tant que le modem ne fonctionne pas, tout se passe bien. Dès que le modem commence à fonctionner, il prend la priorité et bloque la souris.
La solution ? Quittez Windows et arrêtez l'ordinateur. A l'arrière de l'ordinateur, branchez le modem sur le port COM2 ou COM4 et redémarrez.

Si vous n'êtes pas dans le cas décrit ci-dessus ou si cela ne va pas mieux après avoir branché le modem ailleurs, il faudra qu'un spécialiste jette un coup d'œil.

Les applications en général

Le problème **Comment installer une application achetée dans le commerce ?**

Explication Vous avez acheté une boîte contenant un manuel et quelques disquettes ou un CD-ROM.

Solution

La procédure d'installation est souvent expliquée dans le manuel. Mais dans la plupart des cas, il suffit de faire comme ceci :

1. Insérez le CD-ROM dans le lecteur et attendez quelques instants.

Si le CD-ROM démarre automatiquement, une fenêtre propose l'installation (en anglais : *install* ou *setup*).

2. Si le CD-ROM ne démarre pas automatiquement ou si le programme est sur disquettes :

- Cliquez sur le bouton *Démarrer.*
- Posez la souris sur *Paramètres.*
- Cliquez sur *Panneau de configuration.*
- Cliquez deux fois sur l'icône *Ajout/Suppression de programmes.*

- Cliquez sur le bouton *Installer.*
- Cliquez sur le bouton *Suivant.*
- Patientez quelques instants : Windows cherche.
- S'il trouve une commande d'installation sur le CD-ROM ou sur la disquette, il complète la ligne de commande. Cliquez sur le bouton *Terminer.*

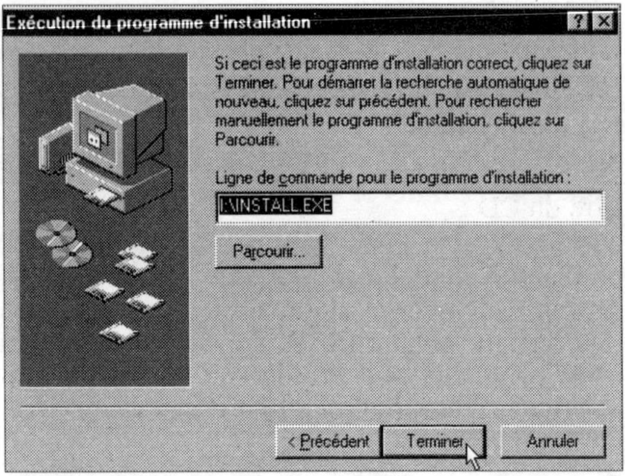

- S'il ne trouve pas, entrez dans la zone blanche les instructions suivantes en enfonçant la touche *Terminer* chaque fois que vous avez introduit l'une des commandes :

```
E:\install
E:\installe
E:\setup
```

Dans ces trois instructions, on suppose que la lettre du lecteur de CD-ROM est E:. Remplacez E: par la lettre de votre lecteur de CD-ROM. Ou remplacez-la par A: si le programme est sur une disquette.

Comment connaître la lettre du lecteur de CD-ROM ? Voyez à la page 99

3. Si rien ne fonctionne, ouvrez le Poste de travail. Le texte sous l'icône du CD-ROM doit correspondre au titre du CD.

4. Si ce n'est pas le cas, le CD n'est pas reconnu et ne pourra pas être utilisé. Vérifiez quand même si ce n'est pas votre lecteur qui est en panne : introduisez un autre CD-ROM et, toujours dans la fenêtre du Poste de travail, enfoncez la touche *F5* pour remettre à jour l'affichage. Si ce deuxième CD-ROM n'est toujours pas reconnu, votre lecteur est en panne ou Windows a un problème pour l'identifier. Il faut consulter un spécialiste.

5. Si, dans le texte sous l'icône, vous reconnaissez le titre du CD :

- Cliquez deux fois sur l'icône du CD-ROM.
- Soit il démarrera automatiquement, soit une fenêtre s'ouvrira pour afficher son contenu. Cliquez deux fois sur chacune des icônes de fichiers que vous voyez en espérant que l'un d'eux démarrera l'installation.

6. Si le programme est sur disquette :

- Cliquez deux fois sur l'icône de la disquette.
- Si une fenêtre s'ouvre pour afficher son contenu, cliquez deux fois sur chaque icône de fichier que vous voyez, en espérant que l'une d'entre elles installera le programme.

Si vous ne parvenez pas à ouvrir la fenêtre du lecteur de disquettes, soit la disquette est défectueuse, soit le lecteur est hors service. Essayez d'insérer une autre disquette pour contrôler le bon fonctionnement du lecteur.

7. Si tous vos efforts sont vains, téléphonez ou envoyez un message à l'éditeur du programme : ses coordonnées devraient figurer dans le manuel fourni avec le programme.

Le problème **Comment démarrer une application ?**

Solution

- Cliquez sur le bouton *Démarrer*.

- Posez le pointeur de la souris sur *Programmes*.
- Si vous voyez le nom de l'application, cliquez dessus.
- Si vous ne le voyez pas, posez le pointeur de la souris sur l'un des dossiers. Explorez ainsi les dossiers pour trouver le nom de l'application.

Le problème **Une application ne veut pas démarrer car il manque un fichier.**

Symptôme Au démarrage d'une application, le message suivant s'affiche :
Un fichier .DLL requis, (...) n'a pas été trouvé.

Explication Ce n'est pas dramatique mais c'est quand même gênant car le programme ne démarrera pas tant que ce fichier manquera. En fait, il doit se trouver dans un dossier bien précis : celui où a été installée l'application, le dossier de Windows ou le dossier System (un sous-dossier de Windows). Il a peut-être été déplacé ou effacé.

Solution

1. Si vous avez le CD-ROM ou les disquettes d'origine du programme, réinstallez-le. Le fichier manquant sera lui aussi réinstallé.

2. Sinon, recherchez ce fichier. Voyez à la page 158 comment procéder.

Si vous le retrouvez, copiez-le dans le dossier où est installé Windows. En principe sur le disque C:

Comment savoir où est installé Windows ?

Cliquez deux fois sur l'icône du Poste de travail.

Cliquez deux fois sur chaque icône de disque dur jusqu'à ce que vous trouviez

un dossier Windows.
En général, Windows est installé sur le lecteur C mais ce n'est pas du tout obligatoire.

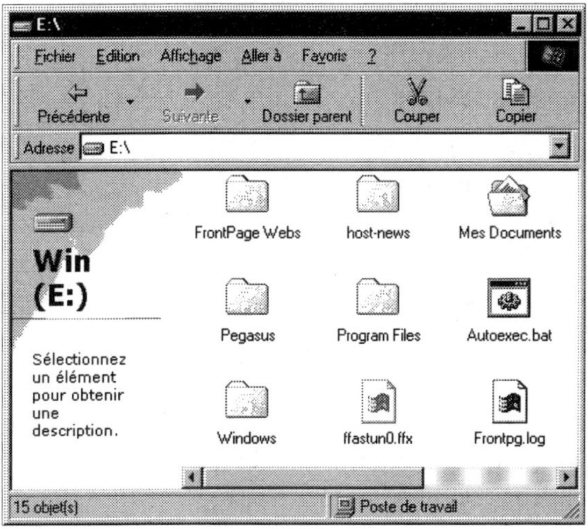

Le dossier Windows est dans le lecteur E:

Le problème **Une application ne veut pas démarrer car elle n'est pas une application Win32 valide.**

Symptôme Lorsque vous démarrez une application, elle ne s'ouvre pas mais un message s'affiche :
(...) n'est pas une application Win32 valide.

Explication L'application que vous essayez d'ouvrir n'est pas une application prévue pour fonctionner sous Windows. Il est possible également qu'elle soit endommagée.

Solution

Réinstallez l'application. Si elle ne démarre toujours pas, elle n'est pas prévue pour fonctionner sous Windows.

Le problème

Vous voulez fermer un programme que vous n'auriez pas dû (ou que vous n'avez pas voulu) ouvrir.

Symptôme Un programme s'est ouvert tout à coup. Vous avez cliqué deux fois sur une icône ou peut-être même pas. Bref, il est ouvert et vous n'en avez pas besoin.

Solution

Que faire ? Pas de panique : fermez-le.

1. Utilisez la commande de fermeture.

- Cliquez sur le premier menu, en haut à gauche de la fenêtre. Ce menu porte souvent le nom de *Fichier* ou *File*.
- Lorsque ce menu est ouvert, cliquez sur la commande *Quitter* ou *Quit* ou *Exit*. C'est souvent la dernière commande du menu.
- Répondez *Oui* à un éventuel message qui vous demande si vous voulez vraiment quitter l'application. Répondez *Non* à tous les autres messages.

2. Cette méthode ne fonctionne pas ? Fermez la fenêtre en cliquant sur son bouton de fermeture.

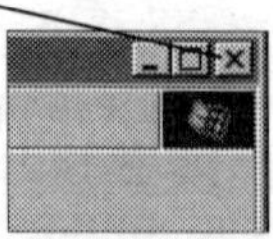

Répondez aux messages de la même manière que plus haut.

3. En désespoir de cause et avant d'éteindre sauvagement l'ordinateur, essayez ceci :

- Sur le clavier, enfoncez les touches *Ctrl* et *Alt*.

Gardez-les enfoncées et enfoncez la touche *Suppr.*

- Dans la petite fenêtre, cliquez sur le nom de l'application à fermer et cliquez sur le bouton *Fin de tâche*.
- Patientez quelques secondes (20 au maximum) jusqu'à ce qu'une nouvelle boîte de dialogue s'ouvre. Cliquez sur le bouton *Terminer.*

Le problème **Comment enregistrer un document dans un dossier bien précis ?**

Explication Lorsque vous enregistrez pour la première fois un document, vous devez choisir le dossier dans lequel vous voulez le stocker.

Solution

Il faut que le dossier existe pour pouvoir y déposer des documents. Si vous ne savez pas trop ce qu'est un dossier ni comment créer un dossier, voyez à la page 68.

Quasiment toutes les applications proposent la même commande et la même boîte de dialogue pour l'enregistrement d'un document.

- Cliquez sur le menu *Fichier* (dans le coin supérieur gauche de la fenêtre).
- Cliquez sur *Enregistrer sous*.

Si vous êtes directement dans le bon dossier, tant mieux. Mais si vous devez rechercher le dossier dans lequel vous voulez enregistrer le document, voici comment procéder.

- Vous voyez le dossier dans la fenêtre ? Cliquez deux fois sur son icône.

Active le Bureau.

Active le dossier de niveau supérieur.

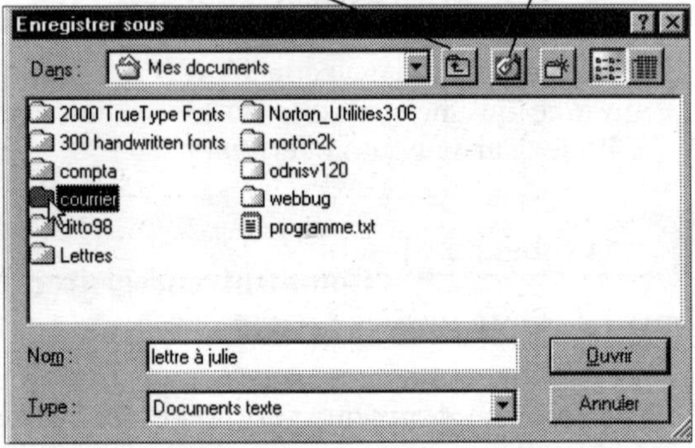

Cliquez deux fois sur *courrier* pour ouvrir ce dossier qui est un sous-dossier du dossier *Mes documents*.

- Vous ne voyez pas le dossier lui-même mais vous voyez le dossier dans lequel il se trouve.
  Par exemple : vous voulez enregistrer dans le dossier "Amis" qui est un sous-dossier de "Lettres", lui-même sous-dossier de *Mes documents*. Vous voyez le dossier "Lettres". Cliquez deux fois sur son icône. Et ensuite, vous verrez le dossier "Amis" : cliquez deux fois sur son icône.

Vous n'y voyez que du feu ? Commencez par le début.

- Cliquez sur la petite flèche dans la zone au sommet de la boîte de dialogue.

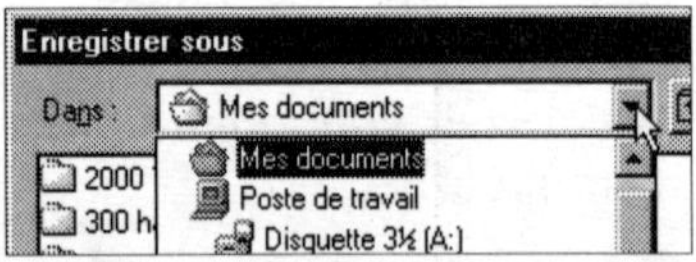

- Sous Poste de travail,
  cliquez sur la lettre du lecteur dans lequel se trouve le dossier que vous cherchez.
- Ensuite, vous cliquerez deux fois sur l'icône des dossiers pour atteindre celui que vous voulez utiliser.

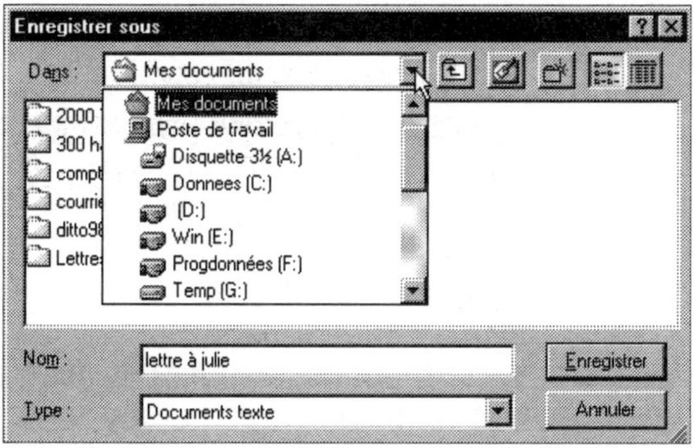

Note

Tout ceci implique que vous vous souveniez du nom des dossiers que vous utilisez pour vos documents. Si vous placez vos propres dossiers dans le dossier *Mes documents*, vous avez moins de risque d'errer à travers tout le disque dur en quête du dossier de vos désirs.

Une fois que vous avez trouvé le dossier d'enregistrement du document, nommez ce document.

- Cliquez dans la zone blanche à côté de *Nom* et tapez le nom que vous donnez à votre document.

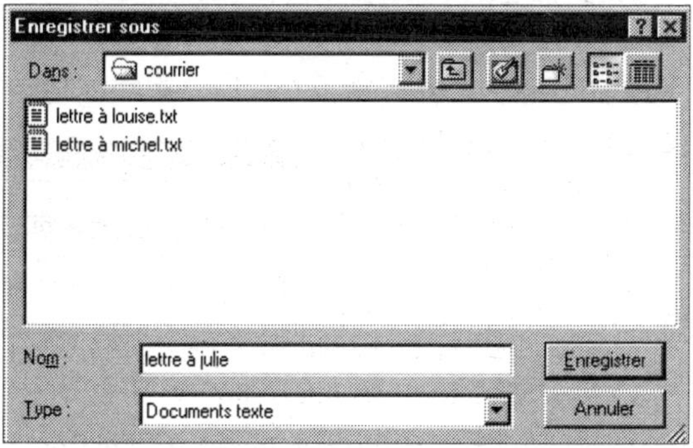

- Cliquez sur le bouton *Enregistrer.*
- Ensuite, chaque fois que vous enregistrerez le document, il remplacera celui que vous avez enregistré la première fois, dans le même dossier. Il suffit de cliquer sur le menu *Fichier* puis sur la commande *Enregistrer*.

Le problème **Comment enregistrer un document sur une disquette ?**

Solution

- Cliquez sur le menu *Fichier* (dans le coin supérieur gauche de la fenêtre).
- Cliquez sur *Enregistrer sous.*
- Cliquez sur la petite flèche dans la zone à droite de *Dans.*

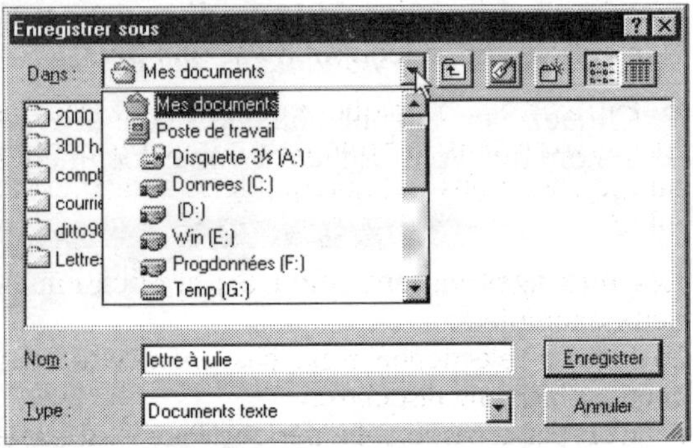

- Sous Poste de travail, cliquez sur *Disquette* $3^{1/2}$ *(A:).*
- Dans la zone blanche à côté de *Nom,* tapez le nom du document.
- Cliquez sur le bouton *Enregistrer.*

Attention

Ne retirez pas la disquette, tant que vous n'avez pas fermé le document ou quitté l'application. Vous risquez de perdre complètement le document.

Le problème

Vous voulez enregistrer ou ouvrir un document sur une disquette et l'application refuse car le lecteur n'est pas prêt.

Symptôme Lorsque vous cliquez sur le bouton *Enregistrer* dans la boîte de dialogue d'enregistrement, un message vous indique que le lecteur n'est pas disponible.

Les messages varient selon les applications. En voici deux exemples :

Le lecteur sélectionné n'est pas en service. Vérifiez qu'il contient bien une disquette.

A:\ n'est pas accessible. Le périphérique n'est pas prêt.

Solution

1. Si vous avez choisi par erreur le lecteur de disquettes, cliquez sur le bouton *Annuler* pour revenir à la boîte de dialogue d'enregistrement.

2. Il n'y a pas de disquette ou elle est peut-être mal

introduite dans le lecteur.

- Introduisez une disquette dans le lecteur. Si elle est déjà dans le lecteur, sortez-la et introduisez-la à nouveau.
- Cliquez sur le bouton *Répéter* ou *Réessayer*.

3. Si vous essuyez toujours le même refus, ne persistez pas. Utilisez une autre disquette.

Le problème **L'application refuse d'enregistrer sur une disquette car elle est protégée.**

Symptôme Lorsque vous cliquez sur le bouton *Enregistrer* dans la boîte de dialogue d'enregistrement, un message vous indique que la disquette est protégée.

Les messages varient selon les applications. En voici deux exemples :

La disquette A: est protégée en écriture. Impossible d'enregistrer un fichier sur une disquette protégée en écriture.

Impossible d'enregistrer le fichier. L'emplacement dans lequel vous voulez enregistrer le fichier est protégé en écriture.

Solution

- Cliquez sur le bouton *OK* dans le message.
- Retirez la disquette du lecteur.
- Sur la face arrière de la disquette, vous verrez dans le coin inférieur droit un petit volet coulissant sur une petite ouverture carrée.
- Si l'ouverture n'est pas recouverte par le volet, il est impossible d'écrire quoi que ce soit sur la disquette. On ne peut même pas la formater. Faites glisser le volet pour obturer l'ouverture.
- Essayez à nouveau d'enregistrer.

Le problème

L'application refuse d'ouvrir ou d'enregistrer un document sur une disquette car elle n'est pas formatée.

Symptôme Lorsque vous cliquez sur le bouton *Enregistrer* dans la boîte de dialogue d'enregistrement, un message vous indique que la disquette n'est pas formatée :

La disquette dans le lecteur A: n'est pas formatée. Voulez-vous la formater maintenant ?

Explication La disquette qui est dans le lecteur n'est pas formatée ou c'est une disquette prévue pour le Macintosh.

Solution

Si vous êtes sûr que la disquette ne provient pas d'un Macintosh, cliquez sur le bouton *Reformater*.

Note sur le formatage

Pour qu'une disquette soit utilisable par l'ordinateur, elle doit être préparée, c'est-à-dire divisée en zones numérotées dans lesquelles les fichiers pourront être copiés.

Le formatage est différent pour un PC et pour un Mac. Un PC ne peut pas lire des disquettes formatées pour un Mac. Mais un Macintosh peut lire et utiliser les disquettes formatées pour un PC.

Si la disquette contenait déjà des données, elles sont donc perdues. Dans ce cas, la disquette a été endommagée.

Le problème **L'application refuse d'enregistrer un document parce que le nom de fichier n'est pas valide.**

Symptôme Au moment où vous cliquez sur le bouton *Enregistrer* dans la boîte de dialogue d'enregistrement, un message vous informe que le nom de fichier n'est pas valide.

Solution

- Cliquez sur le bouton *OK* dans le message et vérifiez le nom.

Un nom de fichier ne peut contenir les caractères suivants : \ / : . * ? " < >. Par contre l'espace est autorisé.

- Cliquez dans la zone blanche à côté de *Nom*.
- Utilisez les flèches gauche et droite (sur le clavier) pour déplacer la barre clignotante dans le nom. Les caractères que vous tapez seront introduits devant cette barre verticale.
- Utilisez les touches *Suppr* et *Retour Arrière* pour effacer des caractères.
- Corrigez le nom et cliquez à nouveau sur le bouton *Enregistrer*.

Le problème **L'application refuse d'enregistrer un document parce que le fichier existe déjà.**

Symptôme Au moment où vous cliquez sur le bouton *Enregistrer* dans la boîte de dialogue d'enregistrement, un message vous informe que le fichier existe déjà.

Les messages varient selon l'application. En voici deux exemples :

Remplacer le document (...) existant ?

(...) existe déjà. Voulez-vous le remplacer ?

Explication Windows n'accepte pas deux fichiers de même nom dans le même dossier. Par contre, deux fichiers de même nom mais dans des dossiers différents, c'est sans importance.

Solution

- Si vous cliquez sur le bouton *Oui*, le document existant déjà disparaîtra (sans espoir de récupération) et sera remplacé par celui que vous enregistrez.
- Si vous voulez conserver le document qui existe déjà, cliquez sur le bouton *Non*, attribuez un autre nom et cliquez à nouveau sur le bouton *Enregistrer*.

Le problème **Comment enregistrer un document sur le Bureau ?**

Solution

Pour enregistrer un document à un emplacement précis, voyez à la page. Le problème ici est de savoir où est le Bureau sur le disque dur.

1. Certaines applications affichent dans la boîte de dialogue d'enregistrement des documents un petit bouton qui ouvre immédiatement le Bureau. Il suffit de cliquer dessus.

2. Pour les autres applications, cliquez sur la petite flèche dans la zone au sommet de la boîte de dialogue.

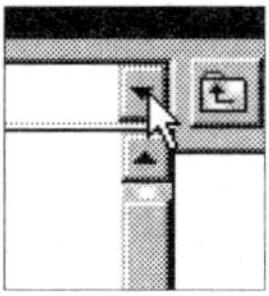

- Cliquez sur le lecteur où Windows est installé (en principe, C).
- Cliquez deux fois sur l'icône du dossier *Windows*.

- Cliquez deux fois sur l'icône du dossier *Bureau*.
- Vous retrouverez l'icône du document sur le Bureau.

Le problème

Comment ouvrir un document ?

Explication Un document ne s'ouvre qu'avec une application capable de le lire. En général, c'est la même application qui vous a servi à créer le document.

Par exemple, Excel est incapable d'ouvrir une image ou un document Word. Ce qui ne veut pas dire qu'il est impossible d'incorporer une image dans une feuille de calcul Excel. Dans ce cas, le processus est différent : le document ouvert est une feuille de calcul et l'image introduite fait partie de la feuille de calcul.

Solution

Il y a deux méthodes pour ouvrir un document : soit à partir de son icône, soit à partir d'une application.

1. Ouvrir un document à partir de son icône par le Poste de travail.

- Cliquez deux fois sur l'icône du Poste de travail.

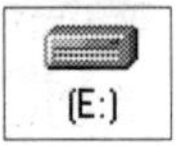

- Cliquez deux fois sur l'icône du disque dur où est le document.
- Cliquez deux fois sur un dossier et ensuite successivement sur les sous-dossiers pour atteindre celui où est situé le document.
- Cliquez deux fois sur l'icône du document.
- L'application s'ouvrira et automatiquement le document s'ouvrira également.

Avec Windows 98, si vous avez enregistré le document dans le dossier *Mes documents*, il suffit de cliquer deux fois sur l'icône *Mes documents* présente sur le Bureau.

2. Ouvrir le document à partir de son icône par l'Explorateur.

- Cliquez sur le bouton *Démarrer.*
- Posez le pointeur de la souris sur *Programmes.*
- Cliquez sur *Explorateur Windows.*
- Dans le volet gauche, cliquez sur le petit signe + devant le Poste de travail.
- Cliquez ensuite sur le petit signe + devant le nom du lecteur où est votre document.
- Cliquez successivement sur le petit signe + devant les dossiers et sous-dossiers jusqu'à ce que vous voyiez le nom du dossier où se trouve le document.
- Cliquez sur ce dossier.
- Dans le volet droit, cliquez deux fois sur l'icône du document.

3. Ouvrir un document par l'application capable de le lire.

- Ouvrez l'application.
- Cliquez sur le menu *Fichier.*
- Cliquez sur la commande *Ouvrir.*

Si vous êtes directement dans le bon dossier, tant mieux. Mais si vous devez rechercher le dossier dans lequel se trouve le document, voici comment procéder.

- Vous voyez le dossier dans la fenêtre ? Cliquez deux fois sur son icône.

Active le dossier de niveau supérieur.

Active le Bureau.

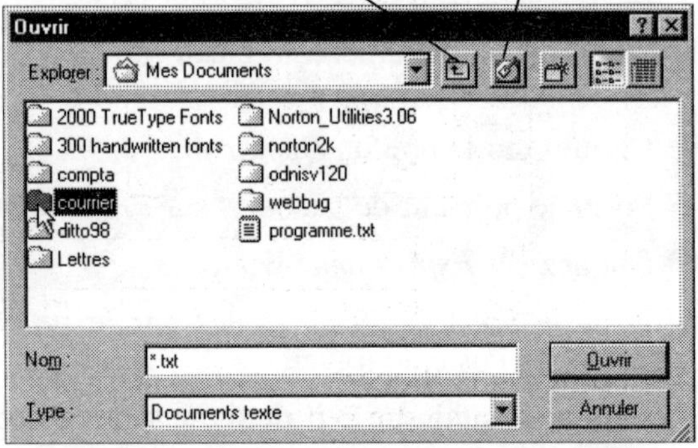

Cliquez deux fois sur *courrier* pour ouvrir ce dossier qui est un sous-dossier du dossier *Mes documents*.

Note

Vous ne voyez dans cette fenêtre que les documents lisibles par l'application. Par exemple, si vous ouvrez un document avec Word, vous ne voyez que les documents Word et non pas les images ni les fichiers du bloc-notes.

Vous ne voyez pas le dossier lui-même mais vous voyez le dossier dans lequel il se trouve. Par exemple : vous voulez enregistrer dans le dossier *Amis* qui est un sous-dossier de *Lettres*, lui-même sous-dossier de *Mes documents*. Vous voyez le dossier *Lettres*. Cliquez deux fois sur son icône. Et ensuite, vous verrez le dossier *Amis* : cliquez deux fois sur son icône.

Vous n'y voyez que du feu ? Commencez par le début.

- Cliquez sur la petite flèche dans la zone au sommet de la boîte de dialogue.
- Sous Poste de travail, cliquez sur la lettre du lecteur dans lequel se trouve le dossier que vous cherchez.

- Ensuite, vous cliquerez deux fois sur l'icône des dossiers pour atteindre celui qui contient le document à ouvrir.

Note

Tout ceci implique que vous vous souveniez du nom des dossiers que vous utilisez pour vos documents. Si vous placez vos propres dossiers dans le dossier *Mes documents*, vous avez moins de risque d'errer à travers tout le disque dur en quête du dossier de vos désirs.

Le problème

Lorsque vous ouvrez un document en cliquant deux fois sur son icône, une boîte de dialogue nommée "Ouvrir avec " s'ouvre.

Symptôme Vous avez cliqué deux fois sur l'icône d'un document et, au lieu de l'application, c'est une boîte de dialogue nommée *Ouvrir avec* qui s'ouvre.

Explication Soit l'icône sur laquelle vous avez cliqué n'est pas un document, soit l'application capable de lire le document n'existe plus dans votre système, soit encore le type de document que vous voulez ouvrir n'est associé à aucune application.

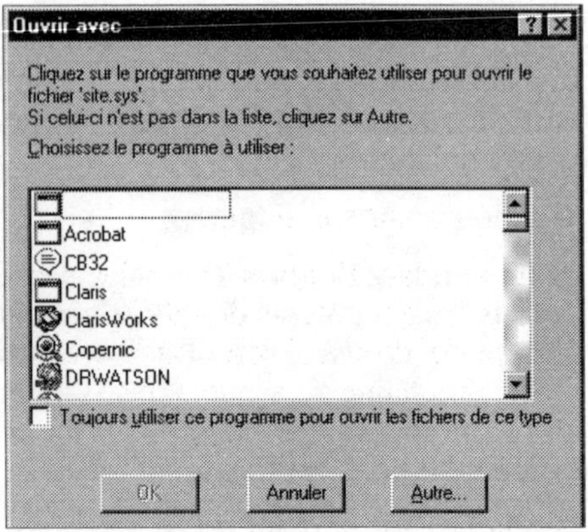

Cette boîte de dialogue vous permet, en principe, de choisir une application qui pourrait lire le document.

1. Toutes les icônes ne sont pas des documents ou des programmes. Une icône peut aussi représenter un fichier système contenant des instructions codées et illisibles. Si vous vous êtes trompé(e), cliquez sur le bouton *Annuler*.

2. Si vous êtes sûr(e) que ce document a été créé avec une application précise, recherchez l'application dans la liste.

- Cliquez sur son nom et ensuite sur le bouton *OK*.
- Ensuite, quand l'application est ouverte, enregistrez le document sous un autre nom : cliquez sur le menu *Fichier* (en haut à gauche de la fenêtre) puis sur la commande *Enregistrer sous*.
- Vous supprimerez ensuite le document qui pose problème.

3. Si vous ne retrouvez pas l'application dans la liste, cela signifie qu'elle n'existe pas dans votre système. Il faut l'installer pour pouvoir ouvrir le document.

4. Si vous savez que ce document peut être ouvert avec une application précise (même si ce n'est pas celle avec laquelle on a créé le document), recherchez cette application dans la liste.

- Cliquez sur son nom.
- En validant l'option *Toujours utiliser ce programme*, tous les documents de même type que celui que vous essayez d'ouvrir seront associés à cette application. La prochaine fois que vous cliquerez deux fois sur l'icône de ce document ou d'un autre document de même type, l'application choisie s'ouvrira.
- Cliquez sur le bouton *OK*.

5. Si vous devez absolument ouvrir ce document, même si vous n'avez pas l'application qui a servi à le créer, essayez ceci :

Si vous savez que c'est un texte

- Ouvrez Word.
- Cliquez sur le menu *Fichier* (en haut à gauche).
- Cliquez sur la commande *Ouvrir.*
- Retrouvez le dossier où est le document à ouvrir (voyez à la page 152).
- Cliquez sur la petite flèche à l'extrémité de la zone située à droite de *Type de fichier*.

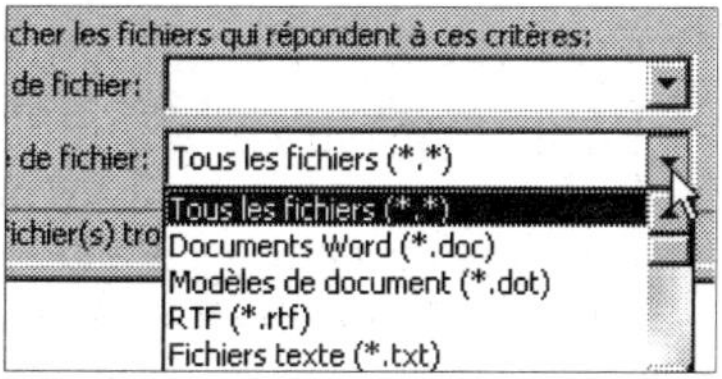

- Dans la liste, cliquez sur *Tous les fichiers*.
- Cliquez sur le nom du document.
- Cliquez sur le bouton *Ouvrir*.

Si vous savez que c'est une feuille de calcul

- Ouvrez Excel.
- Procédez de la même manière qu'avec Word.

Note

Pour ouvrir Word ou Excel :
Cliquez sur le menu *Démarrer*.
Posez le pointeur de la souris sur *Programmes*.
Si vous voyez la commande *Word* ou *Excel*, cliquez dessus.
Sinon, posez le pointeur de la souris sur les différents dossiers visibles jusqu'à ce que vous retrouviez *Word* ou *Excel*.

6. Si vous n'arrivez à rien, envoyez le document à un spécialiste qui se fera un plaisir d'essayer de l'ouvrir avec la panoplie des moyens dont il dispose.

Le problème

Vous ne retrouvez plus un document que vous avez pourtant enregistré.

Symptôme Vous avez enregistré un document Word ou Excel ou provenant de n'importe quelle application mais vous ne parvenez plus à le retrouver.

Explication Si vous ne l'avez pas enregistré (ou déplacé) sur disquette ou sur un lecteur ZIP, si vous ne l'avez pas effacé, il est sur le disque dur.

Solution

1. Recherchez-le sur les disques durs.

- Cliquez sur le bouton *Démarrer* et posez ensuite le pointeur de la souris sur *Rechercher*.

- Cliquez sur *Fichiers ou dossiers*.
- La fenêtre de recherche s'ouvre.

- Cliquez dans la zone à droite de *Nommé.*
- Tapez le nom du document que vous recherchez (ou seulement une partie du nom).
- Cliquez sur la petite flèche à l'extrémité de zone située à droite de *Rechercher dans*.

- Cliquez sur *Poste de travail* pour que la recherche soit effectuée sur tous les disques de votre système
- Cliquez sur le bouton *Rechercher maintenant*.
- La liste des fichiers correspondant à votre critère de recherche s'affiche au fur et à mesure.

- Cliquez deux fois sur le nom du document que vous recherchiez.

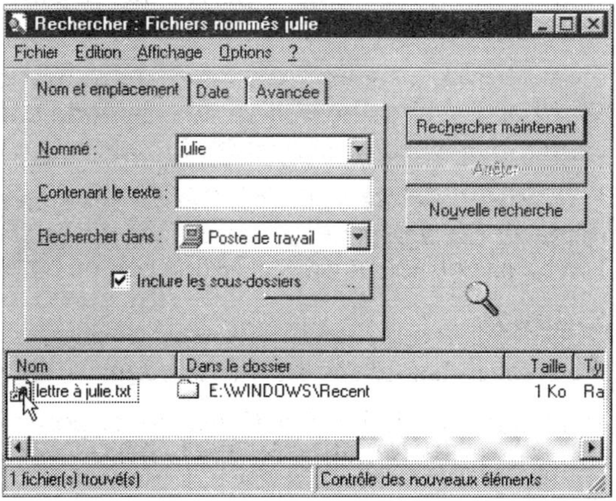

2. Il est peut-être sur une disquette.

- Placez dans le lecteur une disquette ou une cartouche

ZIP sur laquelle il pourrait se trouver.

- Cliquez deux fois sur l'icône *Poste de travail*, présente sur le Bureau.
- Cliquez deux fois sur l'icône du lecteur de disquettes ou celle du lecteur de cartouches ZIP.

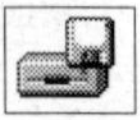

- Si le document s'y trouve, faites glisser son icône sur le bureau ou dans l'un des dossiers.
- Cliquez deux fois sur l'icône pour l'ouvrir.

3. Vous l'avez peut-être effacé.

Avec un peu de chance, il est encore dans la Corbeille.

- Cliquez deux fois sur l'icône de la Corbeille présente sur le Bureau.

- Recherchez votre document.
- Si vous le trouvez, cliquez sur son nom avec le bouton droit de la souris.
- Cliquez sur *Restaurer*.
- Le document retourne dans le dossier où il était quand vous l'avez effacé.

4. Aucune des procédures ci-dessus n'a abouti : le document n'existe plus ! Il ne vous reste qu'à pleurer sur le clavier (non ! ne faites pas ça : les claviers ne supportent pas l'humidité). Sachez que ce qui vous arrive est arrivé également aux meilleurs. Bienvenue au club !

Le problème **Vous avez ouvert une boîte de dialogue dont vous n'avez pas besoin.**

Symptôme Une boîte de dialogue est affichée. Vous l'avez ouverte par erreur, par distraction, "pour voir".

Solution

Fermez-la sans que rien ne se passe et sans risque en cliquant sur le bouton *Annuler.*

Le problème **A la fermeture d'un document ou de l'application , un message vous demande si vous désirez enregistrer le document.**

Symptôme Vous quittez une application ou vous fermez un document et le message suivant s'affiche : Voulez-vous enregistrer les modifications apportées à (...) ?

Explication Vous n'avez pas enregistré le document alors que vous l'avez modifié ou qu'il vient d'être créé.

Solution

1. Vous voulez enregistrer le document avant de le fermer ou de quitter l'application ? Cliquez sur le bouton *Oui.*

2. Vous voulez fermer le document ou quitter l'application sans enregistrer les modifications ? Cliquez sur *Non.*

Le document reste alors tel qu'il était la dernière fois que vous l'avez enregistré. Si c'est un nouveau document, il sera perdu.

3. Vous ne voulez pas quitter l'application ni fermer le document ? Cliquez sur le bouton *Annuler.*

Le problème

En fermant une application ou un document, un message vous informe que le Presse-papiers contient une grande quantité d'informations.

Symptôme Au moment où vous quittez une application, le message suivant s'affiche :

Le Presse-papiers contient une grande quantité d'informations. Voulez-vous avoir la possibilité de coller ces informations dans un autre document ultérieurement.

Explication Vous avez précédemment copié ou coupé des données dans le Presse-papiers (une grande quantité de texte, une image de grande taille, ...). Au moment où vous fermez le document ou bien quand vous quittez l'application, Windows s'inquiète. Il vous demande ce qu'il doit faire avec le contenu Presse-papiers.

Pourquoi s'inquiète-t-il ? Parce que le contenu du Presse-papiers monopolise une quantité importante de mémoire qui pourrait être utile à d'autres applications.

Le Presse-papiers

C'est une zone spéciale de la mémoire dans laquelle des données peuvent être conservées provisoirement pour être déplacées ou copiées ailleurs. Dans toutes les applications, la commande *Copier* (dans le menu *Edition*) copie dans le Presse-papiers ce qui est sélectionné; la commande *Couper* (dans le menu *Edition*) déplace dans le Presse-papiers ce qui est sélectionné; la commande *Coller* (toujours dans le menu *Edition*) insère le contenu du Presse-papiers à l'emplacement du point d'insertion.

Solution

1. Vous voulez conserver le contenu du Presse-papiers ? Cliquez sur le bouton*Oui*.

2. Vous n'avez plus besoin du contenu du Presse-papiers ? Cliquez sur le bouton *Non*.

3. Vous ne voulez pas fermer le document ou quitter l'application ? Cliquez sur le bouton *Annuler*.

Le problème **La fenêtre de l'application disparaît.**

Symptôme Tout à coup, la fenêtre de l'application avec laquelle vous travailliez disparaît et est peut-être même remplacée par une autre fenêtre.

Explication Vous avez probablement cliqué sur le bouton de réduction ou de fermeture de la fenêtre de l'application.

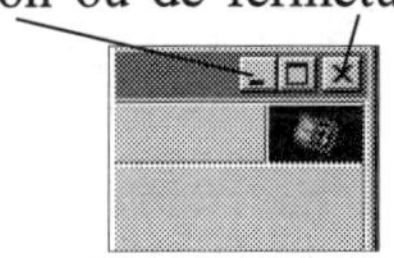

Ou alors, vous avez cliqué dans une fenêtre qui était située sous celle de votre application. Cette fenêtre est passée au premier plan et cache donc la fenêtre de votre application.

Solution

1. Recherchez dans la Barre des tâches le bouton correspondant à votre application et cliquez dessus.

2. Si le bouton de l'application n'est pas dans la Barre des tâches, vous avez fermé l'application. Ouvrez-la à nouveau.

Le problème **L'application que vous utilisez se bloque.**

Symptôme Vous ne pouvez plus rien cliquer avec la souris. Le clavier est sans réaction.

Explication Soit l'application est bloquée, soit c'est Windows qui est bloqué.

Solution

1. Cliquez sur le bouton *Démarrer*. Si le menu ne s'ouvre pas, Windows est bloqué. Voyez à la page 50.

2. Si Windows n'est pas bloqué le menu s'ouvrira.

- Enfoncez alors les deux touches *Ctrl* et *Alt*. Gardez-les enfoncées pendant que vous enfoncez la touche *Suppr*.
- Une boîte de dialogue s'ouvre.
- Cliquez sur le nom de l'application bloquée. Son nom est suivi de la mention *(Sans réponse)*.
- Cliquez sur le bouton *Terminer*.
- Patientez un peu (20 secondes au maximum).
- Dans le message qui s'affiche, cliquez sur le bouton *Fin de tâche*.

Le problème **Un message vous informe qu'un programme va être arrêté.**

Symptôme Vous utilisez tranquillement un programme et tout à coup, le message suivant apparaît : Ce programme va être arrêté car il a effectué une opération non conforme.

Explication Ne culpabilisez pas : c'est Windows qui est en tort mais il ne le reconnaît pas expressément. C'est toujours surprenant. C'est un peu traumatisant la première fois. Ensuite on s'habitue quoique cela reste toujours aussi énervant.

Solution

- Cliquez sur le bouton *Fermer.*

L'application se fermera et, avec elle, tous les documents qui étaient ouverts dans sa fenêtre. Tout ce que vous avez modifié dans les documents depuis leur dernier enregistrement est perdu.

Quoique vous puissiez continuer à utiliser Windows et quoiqu'il soit possible d'ouvrir à nouveau l'application, ne le faites pas. Il y a beaucoup de chance pour que cette fermeture sauvage se reproduise rapidement. Windows est devenu instable (euphémisme pour expliquer qu'il est complètement dans le cirage !).

Il est préférable de quitter Windows puis de redémarrer l'ordinateur.

Le problème

Un message vous annonce des problèmes d'affichage qui "plantent" le programme.

Symptôme Tout à coup, le message suivant apparaît :

Problèmes d'affichage, ce programme ne peut pas continuer.

Solution

Il faut réduire les performances de l'affichage. Voyez comment procéder à la page 49.

De toute manière, le programme s'est brutalement fermé. Voyez que faire à la page 164.

Le problème

Comment supprimer du système une application dont vous n'avez plus besoin ?

Explication Vous vous rendez compte que l'une des applications installées vous est complètement inutile. Vous ne vous en servez jamais. Vous voulez donc la supprimer, ce qui vous permettra de gagner de la place sur le disque dur.

Solution

A ne pas faire

Supprimer le dossier dans lequel est installée l'application. Tous les fichiers annexes resteraient sur le disque inutilement.

- Fermez l'application à désinstaller (si elle est ouverte).
- Cliquez sur le bouton *Démarrer.*
- Posez le pointeur de la souris sur *Paramètres.*
- Cliquez sur *Panneau de configuration*.
- Cliquez deux fois sur l'icône *Ajout/Suppression de programmes*.

- Cliquez sur la petite flèche vers le bas pour faire défiler la liste des programmes installés.
- Cliquez sur le nom de l'application à désinstaller.
- Cliquez sur le bouton *Ajouter/Supprimer*.
- Suivez les instructions à l'écran.
- Si une boîte de dialogue vous propose une désinstallation automatique ou personnalisée (*Custom*), choisissez *Automatique*.

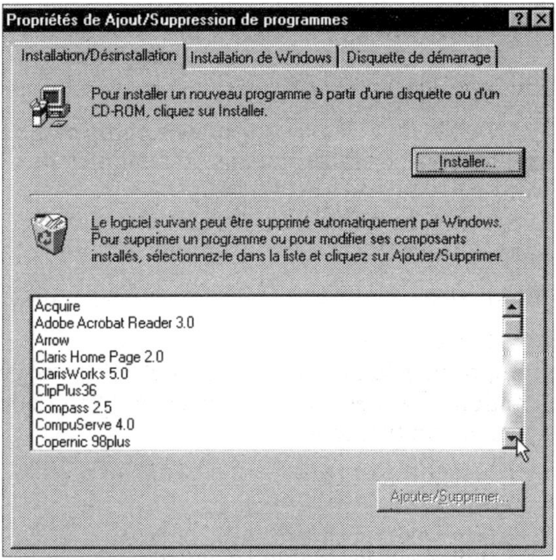

- Si un message vous demande de confirmer la suppression d'un fichier, c'est probablement qu'il s'agit d'un fichier susceptible d'être utilisé par d'autres applications. Refusez la suppression.

Il arrive souvent que la désinstallation soit incomplète. Vous pouvez encore contrôler si le dossier où l'application était installée est bien supprimé.

Regardez également si sa commande a disparu du dossier *Programmes* (que vous ouvrez en cliquant au préalable sur le bouton *Démarrer*).

Si l'application n'est pas dans la liste à désinstaller, vous n'avez pas d'autre choix que de supprimer le dossier dans lequel elle est installée.

En quittant Windows

Le problème

En quittant Windows, une boîte de dialogue vous propose différentes options.

Solution

Que devez-vous faire pour quitter Windows ?

- Cliquez sur le bouton *Démarrer* (oui, c'est paradoxal mais c'est ainsi !).
- Cliquez ensuite sur *Arrêter*.
- Une boîte de dialogue s'ouvre.

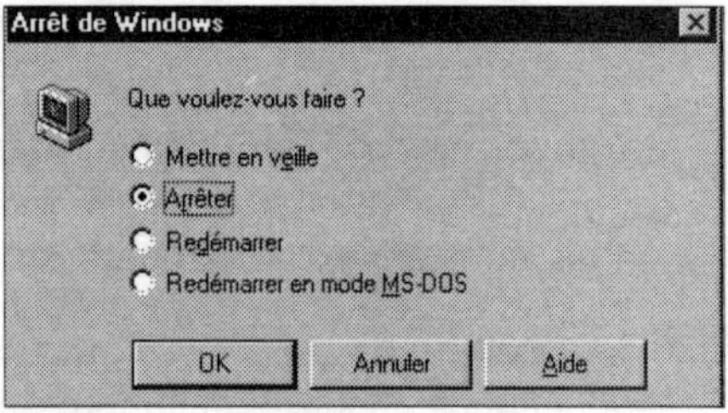

Quelle option choisir ?

1. C'est une fausse manœuvre. Vous ne vouliez pas quitter Windows : cliquez sur le bouton *Annuler.*

2. Vous voulez tout éteindre sans vraiment quitter ?

- Validez l'option *Mise en veille* (disponible seulement sur des ordinateurs récents avec Windows 98).
- Cliquez sur le bouton *OK*.

Tout s'éteint, le disque dur et le ventilateur s'arrêtent de tourner. L'ordinateur est endormi. Pour le réveiller, enfoncez une touche du clavier ou déplacez la souris. Vous retrouvez l'environnement dans l'état où vous l'avez laissé.

Cette option économise l'énergie mais l'ordinateur reste allumé.

3. Vous voulez quitter Windows ?

- Validez l'option *Arrêter* et cliquez sur le bouton *OK*.
- Attendez soit que l'ordinateur s'arrête, soit que s'affiche le message
  Vous pouvez maintenant éteindre votre ordinateur en toute sécurité.
- Quand ce message est affiché, éteignez l'ordinateur.

Si vous voulez redémarrer l'ordinateur immédiatement après l'avoir éteint, patientez une dizaine de secondes avant de le rallumer.

4. Vous voulez quitter et redémarrer aussitôt automatiquement ?

- Validez l'option *Redémarrer*.
- Cliquez sur le bouton *OK*.

Le problème **Windows ne se ferme pas et un message vous informe que vous devez quitter un programmc.**

Symptôme Juste après avoir cliqué sur le bouton *OK* pour quitter Windows, un message apparaît :
Vous devez quitter ce programme avant de quitter Windows. Choisissez OK pour quitter le programme et Windows ou Annuler pour continuer à exécuter le programme et Windows.

Explication Une fenêtre DOS est restée ouverte. Windows refuse de quitter tant qu'elle reste ouverte. Voyez à la page 66.

Solution

- En général, vous pouvez cliquer sur *OK* pour fermer la fenêtre et quitter Windows.
- Si la fenêtre reste quand même ouverte, patientez quelques secondes (20 au maximum). Un nouveau message apparaîtra : cliquez sur le bouton *Fin de tâche*.

Le problème

Un message vous informe qu'il est impossible de quitter tant qu'une boîte de dialogue reste active.

Symptôme Juste après avoir cliqué sur le bouton *OK* pour quitter Windows, un message apparaît : Impossible de quitter (...) tant qu'une boîte de dialogue reste active. Basculez d'abord vers (...) pour la fermer.

Explication Une boîte de dialogue est restée ouverte dans l'application indiquée.

Solution

- Cliquez sur le bouton *OK*.
- Fermez la boîte de dialogue dans l'application.
- Quittez à nouveau Windows.

Le problème

A la fermeture, l'écran "Veuillez patienter" avec le drapeau Windows reste affiché.

Symptôme Le message Veuillez patienter pendant l'arrêt de votre ordinateur, sur fond de drapeau Windows claquant au vent du succès, reste définitivement affiché.

Solution

C'est un caprice. Eteignez quand même l'ordinateur. Il n'y a aucun risque. Il est probable que la prochaine fois, Windows quitte de manière normale.

Word et Excel

4

Le Compagnon Office

Le problème **Le Compagnon Office vous gêne.**

Symptôme Vous en avez assez de voir Trombine ou Professeur Génial se trémousser dans sa petite cage.

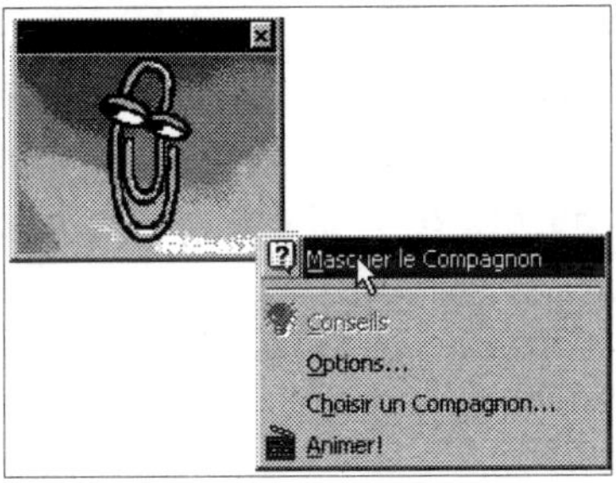

Solution

- Pointez dans la fenêtre du Compagnon et cliquez avec le bouton droit de la souris.
- Cliquez sur la commande *Masquer le Compagnon.*

Le problème **Comment faire réapparaître le Compagnon Office ?**

Solution

Trombine vous manque ?

- Cliquez sur le menu *?* (au sommet de la fenêtre).
- Cliquez sur la commande *Aide sur ...*

Word

Le problème

En ouvrant un document, un message vous demande s'il faut l'ouvrir tel qu'il était lors du dernier enregistrement.

Symptôme Vous ouvrez un document existant et le message suivant s'affiche :

Ouvrir (...) tel qu'il était lors du dernier enregistrement ?

Explication Vous tentez d'ouvrir un document déjà ouvert. Il n'est pas visible parce qu'il est caché par un autre document.

Chaque fois que vous ouvrez un document, il reste ouvert, tant que vous ne le fermez pas. Ce n'est pas parce que vous ne le voyez pas qu'il n'est pas ouvert.

Chaque fois que vous ouvrez un document existant ou que vous créez un nouveau document, sa fenêtre se superpose aux fenêtres des documents déjà ouverts. Ceux-ci semblent avoir disparu mais ils restent là. Un peu comme une pile de cartes : chaque fois que vous posez une carte sur la pile, les autres ne sont plus visibles et pourtant elles sont bien dans la pile.

Solution

1. Si vous cliquez sur le bouton *Oui*, vous perdrez les modifications apportées au document depuis la dernière fois où vous l'avez enregistré.

2. Si vous cliquez sur le bouton *Non*, vous retrouverez le document tel qu'il est actuellement sans perte de données. Il vaut mieux cliquer sur le bouton *Non*.

- Cliquez sur le menu *Fenêtre* (au sommet de la fenêtre), vous verrez la liste des documents ouverts dans Word.

- Pour ramener au premier plan la fenêtre d'un document de la liste, cliquez sur son nom.

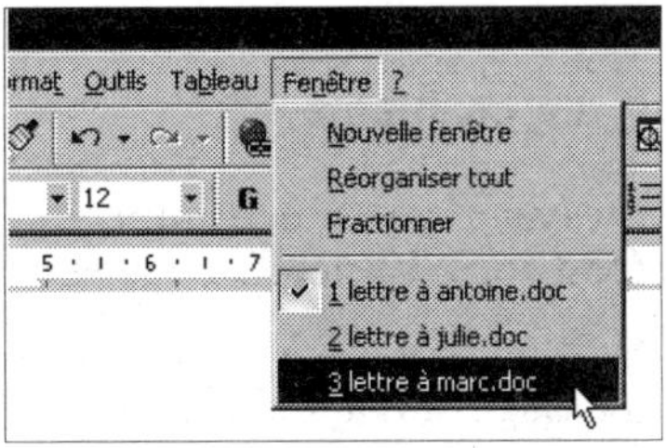

Trois documents sont ouverts.

Le document visible est celui dont le nom est coché.

En cliquant sur *lettre à marc.doc*, la fenêtre contenant ce document passera au premier plan.

Cliquer sur le bouton *Non* dans le message équivaut à cliquer sur le nom du document dans le menu *Fenêtre.*

Le problème

Lorsque vous ouvrez un document, un message vous indique qu'il contient des macros.

Symptôme Vous ouvrez un document et le message suivant s'affiche :

Le document en cours d'ouverture contient des macros ou des personnalisations. Certaines de ces macros peuvent contenir des virus susceptibles d'endommager votre ordinateur.

Explication Une macro est un petit programme inclus dans un document Word, dans un classeur Excel. Les macros sont créées par les utilisateurs qui peuvent ainsi ajouter des possibilités nouvelles non prévues à l'origine par l'application.

Solution

1. Si c'est vous qui avez créé les macros contenues dans le document ou si vous êtes sûr que les macros ne sont pas infectées par un virus, cliquez sur le bouton *Activer les macros*.

2. Si vous n'êtes pas sûr que les macros soient garanties sans virus, ouvrez le document sans les macros en cliquant sur le bouton *Désactiver les macros*. Mais si le document contient des macros, elles sont peut-être nécessaires pour son utilisation.

3. Si vous cliquez sur le bouton *Ne pas ouvrir*, le document ne s'ouvrira pas.

Notez qu'un document Word ne peut pas contenir de virus. Seules les macros peuvent être infectées. Donc, il n'y a aucun risque à ouvrir un document en désactivant les macros.

Notez encore que le message est inutilement alarmiste. Aucune macro n'a jamais endommagé ou cassé un ordinateur. Seul le système, les programmes, les données peuvent être endommagés. Ce qui occasionne parfois la perte de données et oblige à réinstaller les programmes infectés.

Il faut protéger votre système avec un programme antivirus (par exemple : Norton Antivirus ou McAfee).

Le problème

Vous voulez ouvrir un document mais vous ne le voyez pas dans la boîte de dialogue d'ouverture des documents.

Symptôme Vous avez cliqué sur le menu *Fichier* puis sur la commande *Ouvrir*. Vous avez activé le dossier où se trouve le document à ouvrir mais il n'apparaît pas dans la boîte de dialogue.

Explication Il est probable que le document que vous essayez d'ouvrir n'a pas été créé avec Word.

Solution

- Cliquez sur la petite flèche à l'extrémité de la zone située à droite de *Type de fichier*.
- Cliquez sur *Tous les fichiers*.

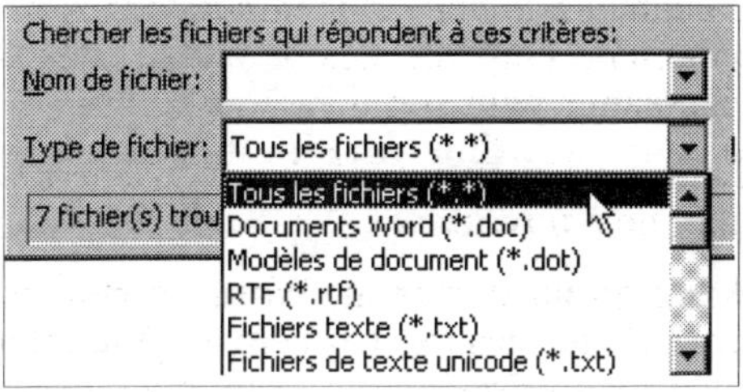

- Normalement, vous devriez voir le document. Si ce n'est pas le cas, c'est qu'il n'est pas dans le dossier ouvert.

Le problème **Lorsque vous ouvrez un document, un message vous annonce que le document est utilisé par vous-même.**

Symptôme Vous voulez ouvrir un document et le message suivant s'affiche :

(...) est actuellement ouvert par (votre nom). Voulez-vous faire une copie ?

Explication Si vous n'êtes pas dans un réseau, vous avez ouvert deux fois Word.

Regardez dans la barre des tâches de Windows (au bas de l'écran) : il y a deux boutons Word.

Solution

- Cliquez sur le bouton *Annuler* dans le message.
- Fermez Word.
- Cliquez sur le bouton *Word* dans la barre des tâches. Vous y retrouverez le document.
- Si vous ne voyez pas le document, cliquez sur le menu *Fenêtre* (au sommet de la fenêtre).
- Cliquez dans la liste sur le nom du document.

Si vous êtes dans un réseau, ce n'est pas votre nom qui apparaîtra dans le message mais celui de l'utilisateur qui a ouvert le document. Vous pourrez ouvrir une copie du document (en cliquant sur le bouton *OK*) mais vous ne pourrez pas l'enregistrer sous le même nom.

Le problème

Vous voulez ouvrir un document créé avec une version plus récente de Word.

Symptôme Lorsque vous ouvrez le document, un message vous informe qu'il est illisible car créé avec une version plus récente de Word.

Explication Par exemple : vous avez Word 95 et vous cherchez à ouvrir un document créé avec la version 97.

Solution

La seule solution consiste à demander qu'on vous envoie le document enregistré au format correspondant à votre version. Voyez plus loin comment enregistrer un document sous un autre format.

Le problème

Vous voulez ouvrir un document sur une disquette et un message vous informe que vous n'avez pas la permission d'accès.

Symptôme Dans la boîte de dialogue d'ouverture d'un document, vous avez choisi le lecteur de disquettes. Le message suivant apparaît :

Vous n'avez pas la permission d'accès au dossier A:\. Contactez votre administrateur pour obtenir l'accès à ce dossier.

Explication La disquette est bien dans le lecteur. Le message est sans rapport avec le problème. Vous n'avez pas besoin de contacter un administrateur quelconque.

Soit la disquette n'est pas formatée, soit elle est au format Macintosh.

Solution

1. Si vous avez reçu la disquette de quelqu'un d'autre, demandez-lui si c'est une disquette Mac. Si c'est le cas, vous ne pourrez pas l'utiliser sur un PC. Vous devez demander à l'autre utilisateur de copier les fichiers sur une disquette formatée PC (les Macintosh reconnaissent sans problème les disquettes PC).

2. Il est possible que la disquette soit vide et non formatée.

3. La disquette est peut-être endommagée et les données qu'elle contient sont devenues inutilisables ou ont disparu.

Le problème

Vous voulez ouvrir un document et un message vous informe que c'est impossible.

Symptôme Vous cliquez deux fois sur l'icône d'un document pour l'ouvrir et le message suivant s'affiche :

Impossible d'ouvrir le document. Essayez les opérations suivantes : ...

Explication Il est probable que le document vienne de Word pour Macintosh.

Solution

- Cliquez sur le menu *Fichier* (au sommet de la fenêtre).
- Cliquez sur la commande *Ouvrir*.
- Cliquez sur la petite flèche à l'extrémité de la zone située à droite de *Type de fichier*.
- Sélectionnez *Tous les fichiers*.

Voyez à la page 152 comment ouvrir un document.

Le problème **Le document que vous avez ouvert est illisible.**

Symptôme Vous avez ouvert un document mais il est bourré de caractères bizarres. Il est inutilisable.

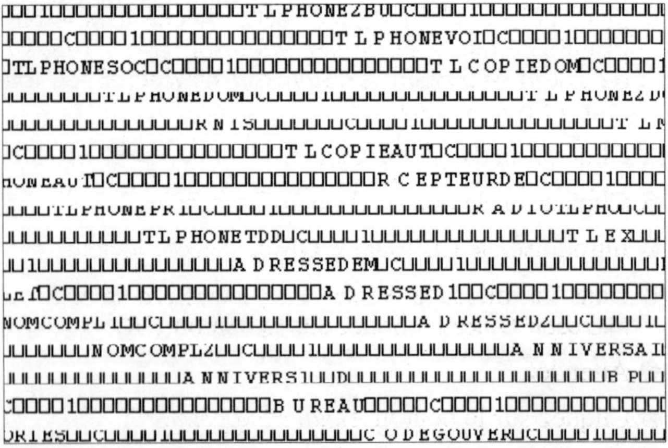

Explication Vous avez ouvert un document que Word ne peut pas interpréter. Il ne peut donc pas vous le présenter sous une forme utilisable.

Word peut lire les documents créés avec d'autres applications, à condition que les convertisseurs aient été installés. Lorsque vous lui demandez d'ouvrir un document étranger, il cherche le convertisseur. S'il le trouve, il l'applique au document et l'affiche en clair. S'il ne le trouve pas, soit il refuse d'ouvrir le document, soit il l'ouvre quand même. Mais dans ce cas, les données qu'il affiche ne sont pas toujours utilisables.

Solution

1. Contrôlez si les convertisseurs sont installés.

- Fermez Word.
- Cliquez sur le bouton *Démarrer.*
- Posez le pointeur de la souris sur *Paramètres.*
- Cliquez sur *Panneau de configuration.*
- Cliquez deux fois sur l'icône *Ajout/Suppression de programmes.*
- Dans la liste, cliquez sur la petite flèche vers le bas jusqu'à ce que vous voyiez *Microsoft Office* (95, 97 ou 2000) *Standard* ou *Microsoft Office* (95, 97 ou 2000) *Professionnel.*
- Cliquez sur *Microsoft Office.*
- Cliquez sur le bouton *Ajouter/Supprimer.*
- Introduisez le CD-ROM d'Office dans le lecteur.
- Dans le message Voulez-vous introduire le CD de Microsoft Office ?, cliquez sur le bouton *OK.*
- Attendez.
- Cliquez sur le bouton *Ajouter/Supprimer.*

- Dans la zone des options, cliquez sur *Convertisseurs et filtres*.
- Cliquez sur le bouton *Sélectionner tout*.
- Cliquez sur le bouton *Continuer*.
- Lorsqu'un message vous annonce que l'installation est terminée, cliquez sur le bouton *OK*.

Note

Si tous les convertisseurs sont installés, Word peut ouvrir les documents créés aux formats suivants :

- RTF (tous les traitements de texte peuvent enregistrer les documents à ce format);
- Les textes bruts sans mise en page, sans présentation (ceux du bloc-notes par exemple);
- WordPerfect (un autre traitement de texte);
- Word pour Macintosh;
- Works.

2. Ouvrez le document avec l'application d'origine et enregistrez-le à un format reconnu par Word. Si le document vous a été donné par quelqu'un d'autre, demandez-lui de l'enregistrer à un format reconnu par Word.

3. Si le document ne s'ouvre pas, il est peut-être endommagé et donc, difficile à récupérer.

Note

Le format RTF est reconnu par tous les traitements de texte. Mais vous risquez de perdre des éléments de présentation du document :

les marges, les dimensions des pages, les changements de page, la numérotation des pages.

Le texte lui-même ne bouge pas, pas plus que les mises en évidence (gras, italique, souligné).

Le problème **Word refuse d'ouvrir un document endommagé.**

Symptôme Parfois, sans qu'on ne sache trop ce qui s'est passé, un document est endommagé. Ne culpabilisez pas : vous n'êtes pas fautif. Word en assume la responsabilité puisqu'il propose une option spéciale pour la récupération des documents endommagés.

Solution

- Cliquez sur le menu *Fichier* (au sommet de la fenêtre).
- Cliquez sur la commande *Ouvrir*.
- Cliquez sur la petite flèche à l'extrémité de la zone située à droite de *Type de fichier*.
- Cliquez sur *Récupération de texte*.
- Cliquez sur le nom du document.
- Cliquez sur le bouton *Ouvrir*.

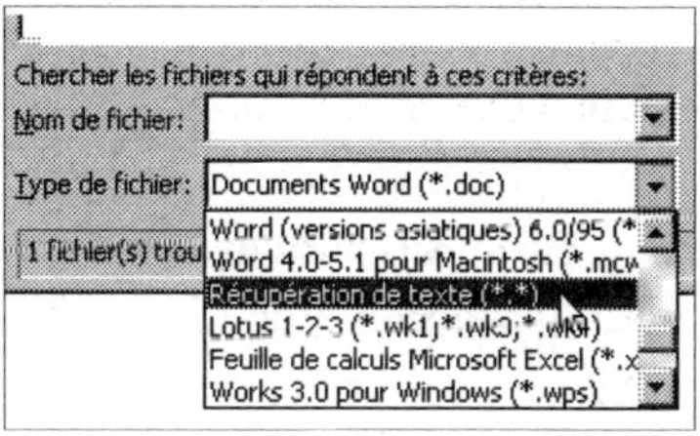

Le problème **Word refuse d'ouvrir un document parce qu'il ne reconnaît pas son format.**

Explication Si le document que vous voulez ouvrir n'a pas été créé avec Word, il faut que le convertisseur adéquat ait été installé. Voyez à la page 180.

Le problème

Comment enregistrer un document à un format spécial ?

Solution

- Cliquez sur le menu *Fichier* (au sommet de la fenêtre).
- Cliquez sur la commande *Enregistrer sous*.
- Cliquez sur la petite flèche à l'extrémité de la zone située à droite de *Type de fichier*.
- Cliquez sur le nom du format.
- Choisissez le dossier de destination. Voyez à la page 143.
- Tapez le nom du document dans la zone blanche à droite de *Nom de fichier*.
- Cliquez sur le bouton *Enregistrer*.

Pour certains formats, le message suivant s'affiche :
Vous risquez de perdre la mise en forme de ce document lors de la conversion au format (...). Pour conserver le document original, enregistrez-le au format Word avant de le convertir.

Si vous voulez l'enregistrer directement au format que vous avez choisi, cliquez sur le bouton *Oui*.

Si vous voulez l'enregistrer au préalable au format Word, cliquez sur le bouton *Non*. Enregistrez-le au format Word et enregistrez-le ensuite au format spécial.

Le problème

Comment enregistrer les documents automatiquement ?

Explication Word peut enregistrer à intervalles fixes les données nécessaires pour restituer les documents ouverts en cas de "plantage".

Si Word ou Windows se bloque, vous ne pouvez donc pas enregistrer normalement les documents. Dès que vous ouvrez à nouveau Word, les documents sont restitués dans l'état où ils étaient lors du dernier enregistrement automatique.

Solution

Pour contrôler si l'enregistrement automatique est en fonctionnement :

- Cliquez sur le menu *Outils* (au sommet de la fenêtre).
- Cliquez sur la commande *Options*.
- Cliquez sur l'onglet *Enregistrement.*

- Validez l'option *Enregistrer les infos de récupération automatique toutes les*.
- Tapez le délai (en minutes) entre deux enregistrements automatiques.
- Cliquez sur le bouton *OK*.

Toutes les x minutes, Word enregistrera automatiquement tous les documents ouverts, sans votre intervention.

Attention

Ceci ne vous dispense pas d'enregistrer vous-même les documents. Le format sous lequel Word enregistre automatiquement est un format spécial qui est tout à fait différent du format d'enregistrement normal.

Que se passe-t-il lorsque vous ouvrez Word après un "plantage" ?

Dès l'ouverture de Word, les documents ouverts lors du plantage sont ouverts à nouveau. Mais ils sont au format "Récupération". Cette indication figure dans le titre de la fenêtre derrière le nom du document.

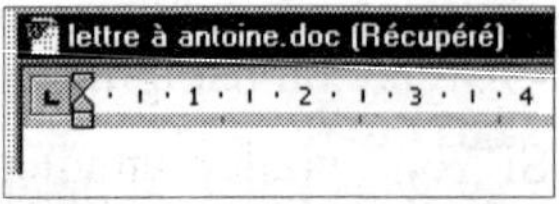

- Enregistrez le document normalement avant de poursuivre votre travail.

Le problème **Vous avez fait une bêtise. Comment l'annuler ?**

Explication Vous pouvez faire des erreurs. Vous en avez le droit. Word mémorise tout ce que vous faites, action par action. Et vous pouvez à tout moment annuler les dernières actions.

Qu'est-ce qu'une action ?

Tout ce que vous faites est une action : taper du texte, effacer, mettre en gras, encadrer, centrer. Seuls les déplacements du point d'insertion et la sélection de texte ne sont pas des actions.

Deux actions ne peuvent pas être annulées : l'enregistrement du document et l'impression.

Chaque action que vous exécutez est ajoutée au sommet de la pile des actions mémorisées. Lorsque vous supprimez l'effet d'une action, toutes celles qui sont exécutées après elle sont également supprimées.

Par exemple

Les actions suivantes sont mémorisées :
- Effacer quelques mots
- Taper le texte "Je suis très content d'avoir"
- Aligner un paragraphe

Vous tapez le texte "d'avoir lu ta dernière lettre". La pile des actions devient :
- Taper "d'avoir lu ta dernière lettre"
- Effacer quelques mots

- Taper le texte "Je suis très content d'avoir"
- Aligner un paragraphe

Si vous voulez annuler l'action "Effacer", toutes les actions au-dessus d'elle dans la pile seront également annulées.

Après l'annulation de l'action "Effacer", la pile devient:
- Taper le texte "Je suis très content d'avoir"
- Aligner un paragraphe

En parallèle avec la liste des actions réalisées, Word dresse une autre liste, celle des actions annulées. Vous pouvez ainsi annuler une annulation.

Par exemple

Après avoir annulé l'action "Effacer", toute la pile des actions à partir de celle-la vers le haut passe dans la liste des actions annulées. Cette liste contient alors :
- Effacer quelques mots
- Taper "d'avoir lu ta dernière lettre"

Solution

Comment annuler la dernière action ?

- Cliquez sur le bouton *Annuler.*

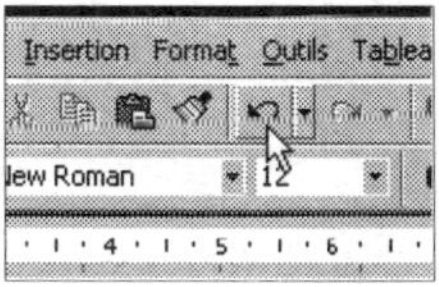

Comment annuler plusieurs actions ?

- Cliquez sur la petite flèche à droite du bouton d'annulation.
- Cliquez sur la première action à annuler.

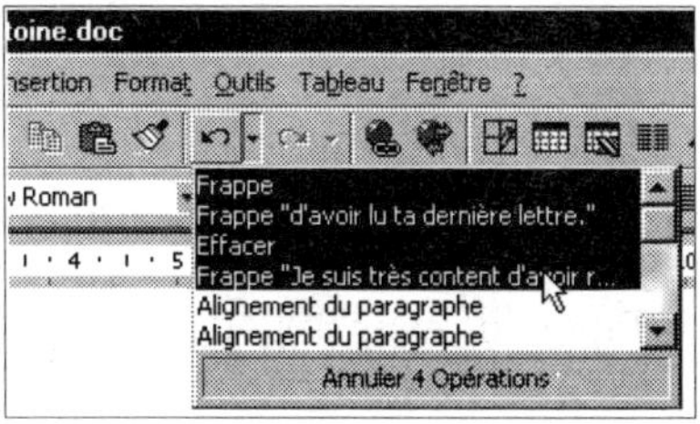

En cliquant sur l'action *Frappe "Je suis très content d'avoir"*, toutes les actions exécutées après elle (en bleu) seront annulées.

Elles passent dans la liste des actions annulées.

Comment ne rien annuler quand la liste des annulations est ouverte ?

- Cliquez n'importe où dans le texte, hors de la liste.

Comment annuler une annulation.

- Cliquez sur le bouton *Rétablir*.

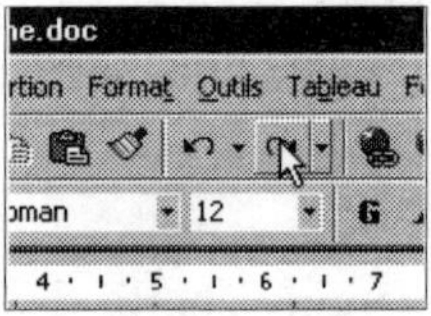

Comment annuler plusieurs annulations ?

- Cliquez sur la petite flèche à droite du bouton de restauration.

- Cliquez sur la première action à restaurer.

En cliquant sur l'action Effacer, toutes les actions qui la précèdent seront également restaurées.

Elles passent alors dans la liste des actions à annuler.

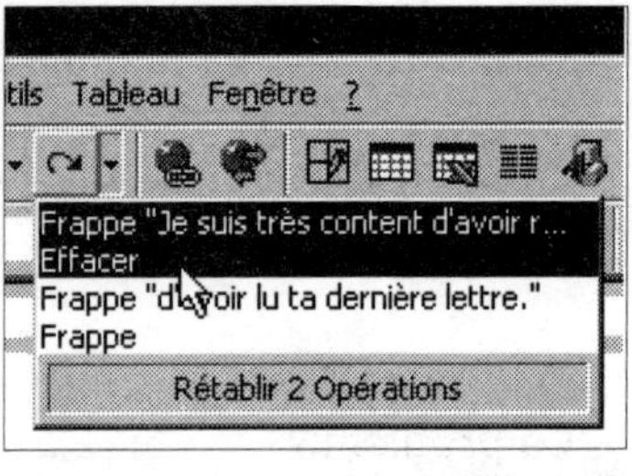

Le problème **Vous ne voyez pas certains éléments de la page qui sont pourtant imprimés.**

Symptôme Par exemple, vous ne voyez pas les numéros de page qui sont pourtant imprimés.

Explication Un document peut être affiché sous deux modes principaux :

Le mode *Normal* affiche uniquement le texte, à l'intérieur des marges. Les numéros de pages (situés dans une marge) ne sont donc pas visibles.

Le mode *Page* affiche les pages complètes.

Solution

Comment passer en mode Page ?

- Cliquez sur le troisième petit bouton dans le coin inférieur gauche de la fenêtre.

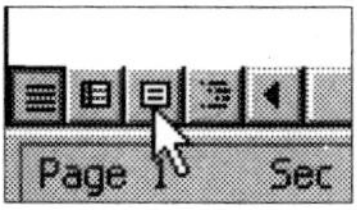

Pour voir la page complète, cliquez dans la barre d'outils sur la petite flèche à droite du bouton affichant des pourcents. Cliquez sur *Page entière*.

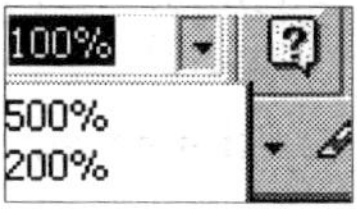

Comment passer en mode Normal ?

- Cliquez sur le premier petit bouton dans le coin inférieur gauche de la fenêtre.

Le problème **Une barre d'outils a disparu.**

Symptôme Normalement la fenêtre de Word affiche deux barres d'outils mais l'une d'entre elles (ou même les deux peut-être) a disparu. Où est-elle ?

Solution

Elle se cache. Mais vous pouvez la faire réapparaître en procédant comme ceci :

- Cliquez sur le menu *Affichage* (au sommet de la fenêtre).
- Cliquez sur *Barres d'outils.*
- Cliquez sur le nom de la barre d'outils manquante.

Les deux barres d'outils normalement présentes sont *Standard* et *Mise en forme.*

Le nom des barres d'outils affichées est précédé d'une marque.

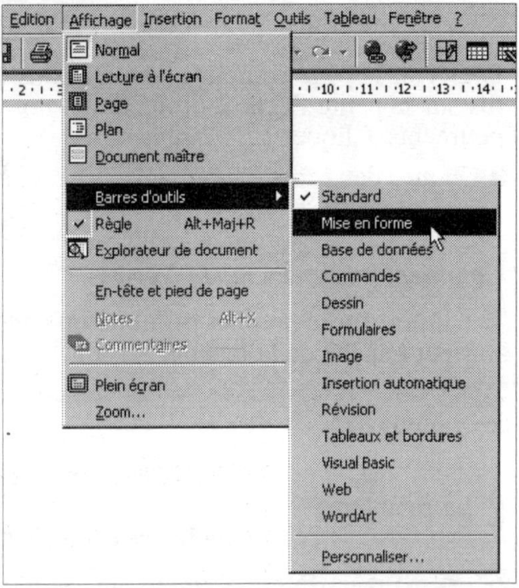

La barre d'outils Standard est affichée (son nom est précédé d'une marque). La barre d'outils Mise en forme n'est pas affichée.

Le problème **Une barre d'outils est affichée en plein milieu de la fenêtre.**

Symptôme Bizarrement, une barre d'outils a quitté sa position en haut de l'écran pour se promener au milieu de la fenêtre.

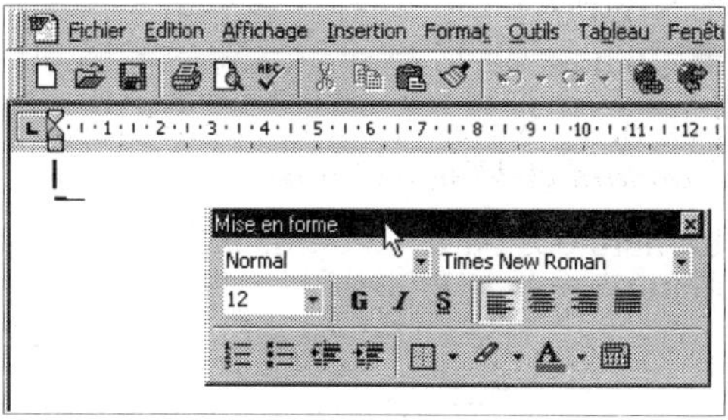

Solution

- Cliquez deux fois sur la bande bleue au sommet de la petite fenêtre de la barre d'outils.

Le problème **La fenêtre est divisée en deux parties.**

Symptôme La fenêtre du document est divisée en deux morceaux.

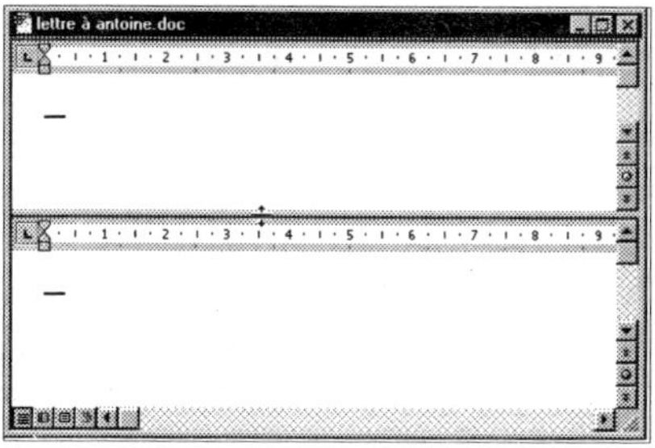

Explication Comment est-ce que cette fenêtre s'est divisée en deux ?

Vous avez ouvert le deuxième volet en faisant glisser cette petite barre :

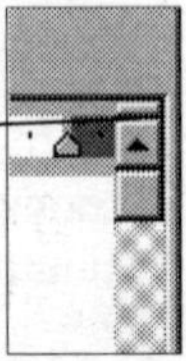

Solution

- Cliquez sur la barre horizontale qui délimite les deux parties de la fenêtre (on les appelle des volets).
- Gardez enfoncé le bouton de la souris et faites glisser la barre tout en haut de la fenêtre.
- Lâchez le bouton de la souris.

Le problème **Une certaine quantité de texte est en noir, comment retrouver le curseur.**

Symptôme Vous avez sélectionné un bloc de texte: il apparaît sur fond noir.

Solution

- Vous voudriez retrouver un curseur normal : cliquez n'importe où dans le texte ou enfoncez une flèche sur le clavier.

Le problème **Soudainement, le document disparaît : vous êtes devant un écran blanc.**

Solution

Ce phénomène soudain et traumatisant peut avoir plusieurs causes.
Voyons tout d'abord comment retrouver le document.

1. Faites glisser la fenêtre vers la gauche ou vers le haut.

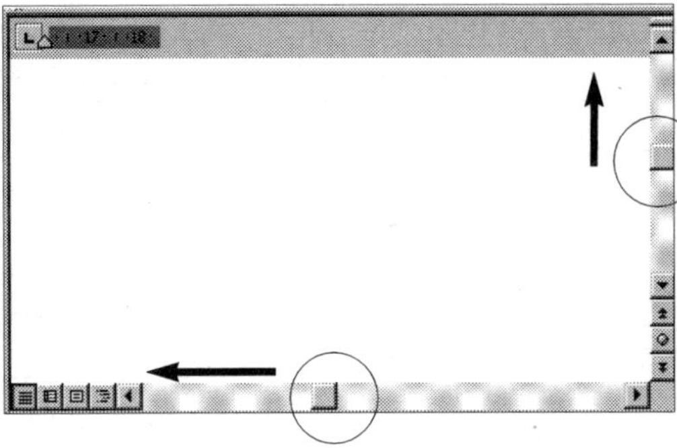

2. Enfoncez la touche *Ctrl*. Gardez-la enfoncée et enfoncez la touche *Origine*.

3. Si le document n'est pas revenu, cliquez sur le bouton d'annulation (vous le trouverez sur la barre des tâches en haut de la fenêtre).

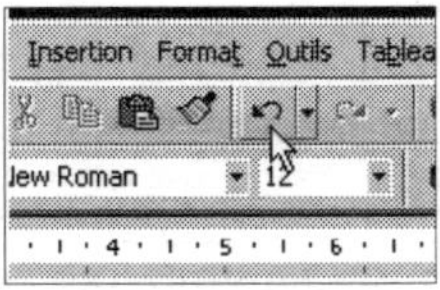

4. L'écran reste toujours aussi blanc ? Cliquez sur le menu *Fenêtre* (au sommet de la fenêtre). Est-ce que vous voyez le nom de votre document dans la liste ? Cliquez dessus.

5. Toujours rien ? Cliquez sur le menu *Fichier* (au sommet de la fenêtre). Voyez-vous le nom de votre document dans la liste au bas du menu ? Cliquez dessus.

6. Votre document continue à jouer au fantôme ? Pleurez : il est probablement perdu.

Explication Quelles sont les causes de cette soudaine disparition ?

Vous avez déplacé le document dans la fenêtre en utilisant la barre de défilement horizontale ou verticale. Le document est toujours là mais la fenêtre est positionnée trop à droite ou trop en bas pour qu'on puisse le voir.

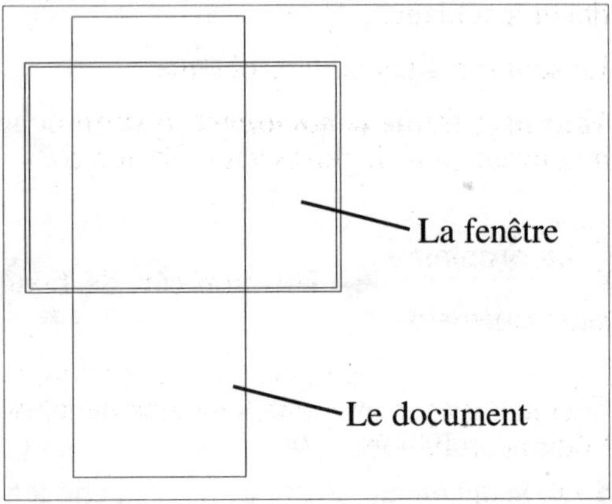

Les solutions 1 et 2 résolvent le problème.

Vous avez sélectionné l'ensemble du document (le texte était complètement noirci) et vous avez ensuite enfoncé une touche quelconque (une lettre, l'espace ou la touche *Entrée*). Ce qui était sélectionné a été remplacé par le premier caractère que vous avez tapé. La solution 3 résout le problème.

C'est ainsi que Word fonctionne : si un texte est sélectionné, il est automatiquement effacé dès que vous tapez un caractère. Mais vous pouvez désactiver cette option.

- Cliquez sur le menu *Outils* (au sommet de la fenêtre).
- Cliquez sur la commande *Options*.
- Cliquez sur l'onglet *Edition*.
- Cliquez dans la case devant l'option *La frappe remplace la sélection* pour la désactiver.

Vous avez créé un nouveau document. Sa fenêtre s'est superposée à la fenêtre du document que vous voyiez précédemment. Vous ne voyez plus que la fenêtre du document blanc.

La solution 4 résout le problème.

Vous avez fermé le document. Il suffit donc de l'ouvrir à nouveau pour le retrouver (solution 5).

Le problème **Un morceau de texte a disparu soudainement.**

Symptôme Quelques mots, quelques phrases ou quelques pages se sont soudainement évaporés sans votre approbation.

Solution

1. Est-ce que la touche *Suppr* ou *Retour Arrière* sur le clavier n'est pas restée trop longtemps enfoncée ?

Annulez les dernières actions :

- Cliquez sur le bouton *Annulation* dans la barre d'outils (au sommet de la fenêtre).

Dans la liste, chaque appui sur la touche *Retour Arrière* est mentionné par l'action *Frappe* et chaque appui sur la touche *Suppr* par l'action *Effacer*.

Cliquez sur la petite flèche vers le bas jusqu'à ce que vous voyiez la dernière action *Frappe* ou *Effacer*. Cliquez dessus. Toutes les actions précédentes seront annulées.

2. Est-ce que le texte était sélectionné (en noir) lorsque vous avez enfoncé une touche quelconque sur le clavier ?

Oui ? Dans ce cas, le texte sélectionné a été remplacé par le caractère sur lequel vous avez tapé.

C'est ainsi que Word fonctionne : si un texte est sélectionné, il est automatiquement effacé dès que vous tapez un caractère. Mais vous pouvez désactiver cette option.

- Cliquez sur le menu *Outils* (au sommet de la fenêtre).
- Cliquez sur la commande *Options*.
- Cliquez sur l'onglet *Edition*.
- Cliquez dans la case devant l'option *La frappe remplace la sélection* pour la désactiver.

Pour retrouver le texte disparu, cliquez sur le bouton *Annulation* dans la barre d'outils (au sommet de la fenêtre).

Le problème **Certains mots sont systématiquement remplacés par un autre.**

Symptôme Lorsque vous tapez le texte, certains mots, toujours les mêmes, sont systématiquement remplacés par un autre mot.

Explication Au fur et à mesure que vous tapez le texte, Word consulte une liste de mots pour lesquels il a un mot de remplacement. Si le mot que vous tapez fait partie de sa liste, il est automatiquement remplacé.

Solution

Comment annuler ce remplacement automatique ?

- Cliquez sur le menu *Outils* (au sommet de la fenêtre).
- Cliquez sur la commande *Correction automatique*.
- Dans la zone de la liste, cliquez sur la petite flèche vers le bas pour faire défiler les mots.
- Lorsque vous voyez, dans la colonne de gauche, le mot qui est systématiquement remplacé, cliquez dessus.

- Cliquez sur le bouton *Supprimer.*

Si vous voulez empêcher toute correction automatique, cliquez sur la petite case blanche devant l'option *Correction en cours de frappe* pour la désactiver.

Le problème

Chaque fois que vous tapez une lettre après un point, elle est automatiquement convertie en majuscule.

Explication En principe, c'est prévu pour vous faciliter la tâche. Mais si vous avez l'habitude de taper des abréviations suivies d'un point, cela devient vite crispant.

Solution

Annulez l'option qui provoque ce comportement.

- Cliquez sur le menu *Outils* (au sommet de la fenêtre).
- Cliquez sur la commande *Correction automatique*.
- Cliquez sur l'onglet *Correction automatique.*
- Cliquez dans la case devant l'option *Majuscule en début de phrase* pour la désactiver.

Le problème **Des lignes horizontales apparaissent automatiquement.**

Symptôme De temps en temps une ligne horizontale simple, double ou composée de points apparaît.

Explication Chaque fois que vous tapez plus de trois -, =, #, _, ~ ou * et que vous terminez par la touche *Entrée*, Word prend l'initiative de convertir cette succession de signes en une ligne.

Solution

Vous pouvez annuler l'option qui rend possible cette initiative.

- Cliquez sur le menu *Outils* (au sommet de la fenêtre).
- Cliquez sur la commande *Correction automatique*.
- Cliquez sur l'onglet *Lors de la frappe*.
- Cliquez dans la case devant l'option *Bordures* pour la désactiver.

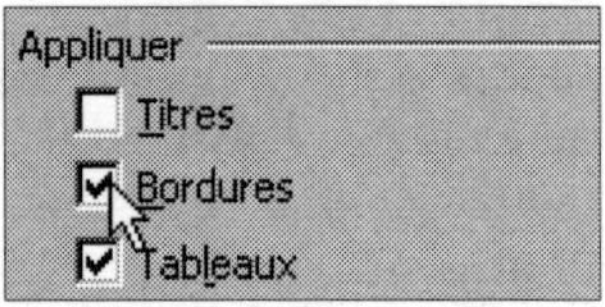

Le problème **Les paragraphes sont automatiquement numérotés.**

Symptôme Vous avez tapé un premier paragraphe précédé d'un numéro et depuis lors, chaque nouveau paragraphe est numéroté.

1. Douze tasses à thé.
2. Une boîte de thé de Chine.
3.

Explication Cette numérotation des paragraphes est automatiquement appliquée par Word dès qu'un paragraphe commence par le numéro 1 suivi d'un point et d'un espace, d'une parenthèse et d'un espace ou d'un tiret et d'un espace.

Solution

Comment arrêter cette numérotation qui n'en finit pas ?

- Enfoncez la touche *Entrée* pour commencer un nouveau paragraphe, il est numéroté. Ne tapez aucun texte mais enfoncez immédiatement la touche *Entrée*.

Pour annuler cet automatisme :

- Cliquez sur le menu *Outils* (au sommet de la fenêtre).
- Cliquez sur la commande *Correction automatique*.
- Cliquez sur l'onglet *Lors de la frappe*.
- Cliquez dans la case devant l'option *Listes numérotées automatiques* pour la désactiver.

Le problème **Les paragraphes sont automatiquement précédés d'une puce.**

Symptôme Vous avez tapé un premier paragraphe précédé d'un tiret et depuis lors, chaque nouveau paragraphe est précédé du même tiret.

```
- Douze tasses à thé.
- Une boîte de thé de Chine.
-
```

Explication Ces puces automatiques sont automatiquement appliquées par Word dès qu'un paragraphe commence par un tiret, le signe >, ->, => ou *

Solution

Comment arrêter cette numérotation qui n'en finit pas ?

- Enfoncez la touche *Entrée* pour commencer un nouveau paragraphe, il est précédé du tiret. Ne tapez aucun texte mais enfoncez immédiatement la touche *Entrée*.

Pour annuler cet automatisme :

- Cliquez sur le menu *Outils* (au sommet de la fenêtre).
- Cliquez sur la commande *Correction automatique*.
- Cliquez sur l'onglet *Lors de la frappe*.
- Cliquez dans la case devant l'option *Liste à puces automatiques* pour la désactiver.

Le problème

Les guillemets " sont automatiquement remplacés par des chevrons et l'apostrophe droit par une apostrophe en boucle.

Symptôme

Lorsque vous tapez ceci :	- Une boîte de "thé de Chine". - Un flacon d'eau de rose
C'est automatiquement converti en ceci :	- Une boîte de «thé de Chine». - Un flacon d'eau de rose

Solution

Pour annuler ces remplacements automatiques :

- Cliquez sur le menu *Outils* (au sommet de la fenêtre).
- Cliquez sur la commande *Correction automatique*.

- Cliquez sur l’onglet *Lors de la frappe*.
- Cliquez dans la case devant l’option *Guillemets* pour la désactiver.

Le problème

Le document affiche des signes bizarres (¶ par exemple).

Symptôme Dans le document, sont affichés des signes cabalistiques.

Cher·Antoine, ¶
J'ai·bien·reçu·ta·lettre·et·je·t'en·remercie. ¶
J'arriverai·demain·à·la·gare·du·Nord·à·l'une·des heures·suivantes·: ↵
12h10 → 18h30 → 19h15
¶
¶
¶

Explication Le signe ¶ indique que vous avez enfoncé à cet endroit la touche *Entrée* (c’est la fin du paragraphe).

Le point entre les mots indique l’espace.

La petite flèche horizontale marque l’emplacement d’une tabulation.

Ces caractères ne sont jamais imprimés.

Solution

Vous les affichez et vous les cachez en cliquant sur le bouton *Afficher/Masquer ¶* dans la barre d’outils.

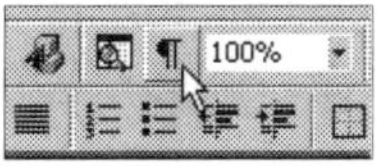

Le problème **Le texte que vous tapez reste toujours en gras (ou en italique, ou souligné, ...).**

Symptôme Chaque caractère que vous tapez est en gras (ou en italique ou souligné). Et vous ne parvenez pas à vous débarrasser de ce gras qui colle au point d'insertion.

Solution

Cliquez sur le bouton *Gras* (ou *Italique* ou *Souligné*) dans la barre d'outils (au sommet de la fenêtre).

Le problème **Comment supprimer une bordure autour d'un paragraphe ?**

Symptôme Un paragraphe est encadré, complètement ou partiellement, et vous voulez faire disparaître ce cadre.

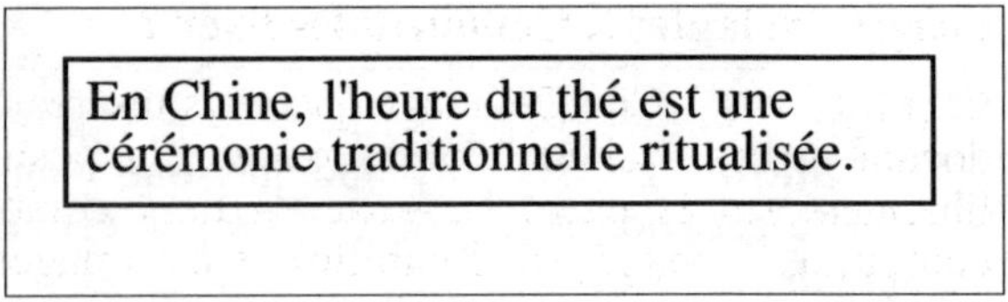
En Chine, l'heure du thé est une cérémonie traditionnelle ritualisée.

Solution

- Sélectionnez toutes les lignes encadrées.
- Cliquez sur le menu *Format*.
- Cliquez sur la commande *Bordure et trame*.
- Cliquez dans la case devant *Aucun*.
- Cliquez sur le bouton *OK*.

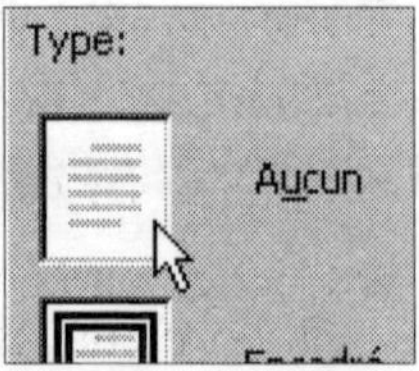

Le problème **Vous ne voyez pas les images que vous avez pourtant insérées dans le document et qui sont imprimées.**

Explication Lorsque vous introduisez une image, le document passe automatiquement en mode d'affichage *Page*. Vous pouvez positionner l'image où vous voulez sur la page. Lorsque vous passez en mode d'affichage *Normal*, l'image disparaît et le texte se positionne sans tenir compte de l'image devenue invisible. Elle est pourtant imprimée.

Solution

Lorsqu'une image est incorporée dans un document, il faut donc laisser actif le mode d'affichage *Page* (voyez à la page 188).

Le problème **Les images insérées sont des images "volantes". Comment les fixer ?**

Explication Chaque image que vous insérez dans le document est "volante". Vous pouvez la positionner librement sur la page. Le texte en tient compte : il contourne l'image (il l'habille). Ces images sont visibles uniquement lorsque le document est affiché en mode *Page* (voyez à la page 188).

Solution

Pour que les images soient visibles en mode d'affichage *Normal* et pour les fixer dans le document :

- Cliquez sur l'image avec le bouton droit de la souris.
- Cliquez sur la commande *Format de l'image*.
- Cliquez sur l'onglet *Position*.
- Cliquez sur la case blanche devant l'option *Dissocier du texte* pour la désactiver.

- Cliquez sur *OK*.

- Cliquez sur le premier petit bouton dans le coin inférieur gauche de la fenêtre pour passer en mode d'affichage *Normal*.

Une image fixée ainsi se comporte comme un caractère : elle fait partie du texte.

Le problème **Comment annuler le soulignement des mots en vert et en rouge ?**

Explication Le soulignement en rouge indique que le mot est mal orthographié. Le soulignement en vert indique une erreur grammaticale.

Ces traits ondulés ne sont pas imprimés.

Notez que le contrôle grammatical (contrairement au contrôle orthographique) sollicite énormément Word dont le fonctionnement est en conséquence ralenti.

Il vaut mieux désactiver le contrôle grammatical.

Solution

Comment modifier les contrôles orthographique et grammatical ?

- Cliquez sur le menu *Outils* (au sommet de la fenêtre).

- Cliquez sur la commande *Options*.

- Cliquez sur l'onglet *Grammaire et orthographe*.

- Cliquez sur la case blanche devant l'option *Vérifier l'orthographe au cours de la frappe* (pour annuler le contrôle orthographique).

- Cliquez sur la case blanche devant l'option *Vérifier la grammaire au cours de la frappe* (pour annuler le contrôle orthographique).
- Cliquez sur le bouton *OK*.

Le problème **Comment ajouter un mot au dictionnaire orthographique ?**

Explication Il y a des mots que Word ne devrait plus considérer comme mal orthographiés : votre nom, le nom de votre rue, des mots techniques qui ne sont pas dans son dictionnaire, ...

Il faut donc inclure ces mots dans le dictionnaire orthographique.

Solution

- Cliquez avec le bouton droit de la souris sur le mot à introduire dans le dictionnaire orthographique.
- Cliquez sur la commande *Ajouter*.

Le problème **Vous recherchez un mot dans le document et Word ne le trouve pas.**

Symptôme Vous avez cliqué sur le menu *Edition* puis sur la commande *Rechercher*. Vous avez introduit un mot à rechercher et le message suivant s'affiche : Vérification terminée pour le document. L'objet de la recherche n'a pu être trouvé.

1. Vérifiez si vous n'avez pas fait de faute de frappe dans le texte à rechercher.

2. Tapez uniquement le début ou la fin du mot à rechercher : il y a plus de chances de le retrouver en cas de faute de frappe dans le document lui-même.

3. Si vous tapez l'astérisque pour remplacer n'importe quel caractère, il faut indiquer que l'astérisque doit être considéré non pas comme un caractère mais comme signifiant "n'importe quels caractères".

Par exemple

Vous tapez `géogr*` pour rechercher géographie, géographique, géographiques.

- Cliquez sur le bouton *Plus*.
- Cliquez sur la case blanche devant l'option *Utiliser les caractères génériques* pour l'activer.

Le problème **Vous avez défini des marges et un message vous informe que certaines marges sont au-delà de la zone imprimable.**

Symptôme Vous avez cliqué sur le menu *Fichier* puis sur la commande *Mise en page*. Vous avez modifié la valeur des marges et vous avez cliqué sur *OK*. Un message s'affiche :

Une ou plusieurs marges ont été définies au-delà de la zone imprimable. Utilisez le bouton Corriger pour augmenter les marges voulues.

Solution

Si vous cliquez sur le bouton *Ignorer*, l'impression ne sera pas correcte : le texte sera "mangé" sur les bords de la page.

Cliquez sur le bouton *Corriger*.

Les valeurs des marges minimum pour votre imprimante sont automatiquement introduites dans la boîte de dialogue. Ne tapez pas de valeurs inférieures.

Le problème **Comment arrêter l'exécution de l'impression d'un document ?**

Symptôme Vous avez demandé l'impression d'un document. Regardez dans la barre d'état (au bas de la fenêtre de Word) : une petite imprimante s'active. Cliquez deux fois sur cette imprimante.

Si l'imprimante n'est plus visible, il faut agir au niveau de Windows. Voyez à la page 122.

Excel

Le problème **En ouvrant un classeur, un message vous informe qu'il est déjà ouvert.**

Symptôme Vous ouvrez un classeur existant et le message suivant s'affiche :
(...) est déjà ouvert. Si vous l'ouvrez à nouveau, toutes vos modifications seront perdues. Voulez-vous rouvrir (...) ?

Explication Vous tentez d'ouvrir un classeur déjà ouvert. Il n'est pas visible parce qu'il est caché par un autre classeur.

Chaque fois que vous ouvrez un classeur, il reste ouvert, tant que vous ne le fermez pas. Ce n'est pas parce que vous ne le voyez pas qu'il n'est pas ouvert.

Chaque fois que vous ouvrez un classeur existant ou que vous créez un nouveau classeur, sa fenêtre se superpose aux fenêtres des classeurs déjà ouverts. Ceux-ci semblent avoir disparu mais ils restent là. Un peu comme une pile de cartes : chaque fois que vous posez une carte sur la pile, les autres ne sont plus visibles et pourtant elles sont bien dans la pile.

Solution

Si vous cliquez sur le bouton *Oui*, vous perdrez les modifications apportées au classeur depuis la dernière fois où vous l'avez enregistré.

Si vous cliquez sur le bouton *Non*, vous retrouverez le classeur tel qu'il est actuellement sans perte de données. Il vaut mieux cliquer sur le bouton *Non*.

Cliquez sur le menu *Fenêtre* (au sommet de la fenêtre), vous verrez la liste des classeurs ouverts dans Excel.

Pour ramener au premier plan la fenêtre d'un classeur de la liste, cliquez sur son nom.

Trois classeurs sont ouverts.

Le classeur visible est celui dont le nom est coché.

En cliquant sur budget.xls, la fenêtre contenant ce document passera au premier plan.

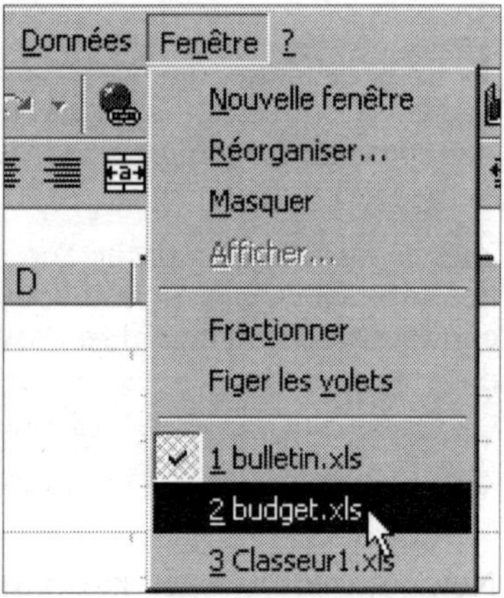

Cliquer sur le bouton *Non* dans le message équivaut à cliquer sur le nom du classeur dans le menu *Fenêtre*.

Le problème **Lorsque vous ouvrez un document, un message vous indique qu'il contient des macros.**

Symptôme Vous ouvrez un document et le message suivant s'affiche :

Le classeur que vous ouvrez contient des macros ou des personnalisations. Il est possible que certaines macros contiennent des virus dangereux pour votre ordinateur.

Explication Une macro est un petit programme inclus dans un document Word, dans un classeur Excel. Les macros sont créées par les utilisateurs qui peuvent ainsi ajouter des possibilités nouvelles non prévues à l'origine par l'application.

Solution

1. Si c'est vous qui avez créé les macros contenues dans le document ou si vous êtes sûr que les macros ne sont pas infectées par un virus, cliquez sur le bouton *Activer les macros*.

2. Si vous n'êtes pas sûr que les macros soient garanties sans virus, ouvrez le document sans les macros en cliquant sur le bouton *Désactiver les macros*. Mais si le document contient des macros, elles sont peut-être nécessaires pour son utilisation.

3. Si vous cliquez sur le bouton *Ne pas ouvrir*, le classeur ne s'ouvrira pas.

Notez qu'un classeur Excel ne peut pas contenir de virus. Seules les macros peuvent être infectées. Donc, il n'y a aucun risque à ouvrir un document en désactivant les macros.

Notez encore que le message est inutilement alarmiste. Aucune macro n'a jamais endommagé ou cassé un ordinateur. Seuls le système, les programmes, les données peuvent être endommagés. Ce qui occasionne parfois la perte de données et oblige à réinstaller les programmes infectés.

Il faut protéger votre système avec un programme antivirus (par exemple : Norton Antivirus ou McAfee).

Le problème **Vous voulez ouvrir un classeur mais vous ne le voyez pas dans la boîte de dialogue d'ouverture des documents.**

Symptôme Vous avez cliqué sur le menu *Fichier* puis sur la commande *Ouvrir*. Vous avez activé le dossier où se trouve le classeur à ouvrir mais il n'apparaît pas dans la boîte de dialogue.

Explication Il est probable que le classeur que vous essayez d'ouvrir n'ait pas été créé avec Excel.

Solution

- Cliquez sur la petite flèche à l'extrémité de la zone située à droite de *Type de fichier*.
- Cliquez sur *Tous les fichiers*.

Normalement, vous devriez voir le fichier. Si ce n'est pas le cas, c'est qu'il n'est pas dans le dossier ouvert.

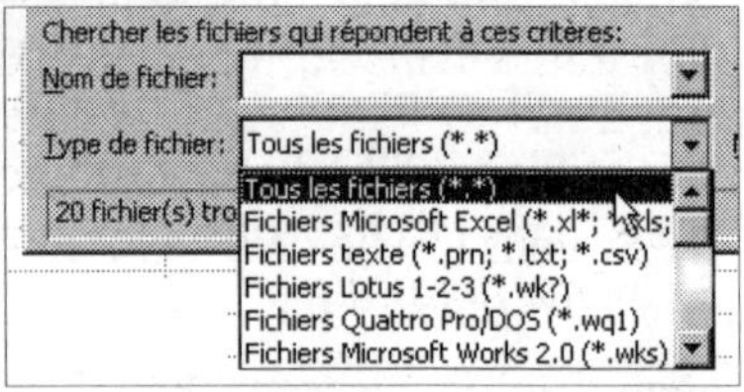

Le problème **Lorsque vous ouvrez un classeur, un message vous annonce qu'il est modifié par vous-même.**

Symptôme Vous voulez ouvrir un classeur et le message suivant s'affiche :

(...) est modifié par (votre nom). Ouvrez en lecture seule ou cliquez sur Notifier pour être informé quand ce dernier sera disponible.

Explication Si vous n'êtes pas dans un réseau, vous avez ouvert deux fois Excel.

Solution

Regardez dans la barre des tâches de Windows (au bas de l'écran) : il y a deux boutons Excel.

- Cliquez sur le bouton *Annuler* dans le message.
- Fermez Excel.
- Cliquez sur le bouton Excel dans la barre des tâches. Vous y retrouverez le classeur.

Si vous ne voyez pas le classeur :

- Cliquez sur le menu *Fenêtre* (au sommet de la fenêtre).
- Cliquez dans la liste sur le nom du classeur.

Si vous êtes dans un réseau, ce n'est pas votre nom qui apparaîtra dans le message mais celui de l'utilisateur qui a ouvert le classeur. Vous pourrez ouvrir une copic du classeur (en cliquant sur le bouton *Lecture seule*) mais, dans ce cas, vous ne pourrez pas l'enregistrer sous le même nom.

Le problème

Vous voulez ouvrir un classeur créé avec une version plus récente d'Excel.

Symptôme Lorsque vous ouvrez le classeur, un message vous informe qu'il est illisible car créé avec une version plus récente d'Excel.
Par exemple : vous avez Excel 95 et vous cherchez à ouvrir un classeur créé avec la version 97.

Solution

La seule solution consiste à demander qu'on vous envoie le classeur enregistré au format correspondant à votre version. Voyez plus loin comment enregistrer un document sous un autre format.

Le problème **Vous voulez ouvrir un classeur sur une disquette et un message vous informe que vous n'avez pas la permission d'accès.**

Symptôme Dans la boîte de dialogue d'ouverture d'un classeur, vous avez choisi le lecteur de disquettes. Le message suivant apparaît :

Vous n'avez pas la permission d'accès au dossier A:\. Contactez votre administrateur pour obtenir l'accès à ce dossier.

Explication La disquette est bien dans le lecteur. Le message est sans rapport avec le problème. Vous n'avez pas besoin de contacter un administrateur quelconque.

Soit la disquette n'est pas formatée, soit elle est au format Macintosh.

Solution

1. Si vous avez reçu la disquette de quelqu'un d'autre, demandez-lui si c'est une disquette Mac. Si c'est le cas, vous ne pourrez pas l'utiliser sur un PC. Vous devez demander à l'autre utilisateur de copier les fichiers sur une disquette formatée PC (les Macintosh reconnaissent sans problème les disquettes PC).

2. Il est possible que la disquette soit vide et non formatée.

3. La disquette est peut-être endommagée et les données qu'elle contient sont devenues inutilisables ou ont disparu.

Le problème **Vous voulez ouvrir un fichier mais son format n'est pas valide.**

Symptôme Vous essayez d'ouvrir un fichier mais le message suivant s'affiche :
Format de fichier (...) non valide.

Explication Le format du fichier que vous voulez ouvrir n'est pas reconnu par Excel. Excel peut reconnaître des fichiers créés avec d'autres applications, à condition que les convertisseurs aient été installés. Lorsque vous lui demandez d'ouvrir un fichier étranger, il cherche le convertisseur. S'il le trouve, il l'applique au fichier. Sinon, il refuse d'ouvrir le fichier.

Solution

1. Contrôlez si les convertisseurs sont installés.

- Fermez Excel.
- Cliquez sur le bouton *Démarrer.*
- Posez le pointeur de la souris sur *Paramètres.*
- Cliquez sur *Panneau de configuration.*
- Cliquez deux fois sur l'icône *Ajout/Suppression de programmes.*
- Dans la liste, cliquez sur la petite flèche vers le bas jusqu'à ce que vous voyiez *Microsoft Office* (95, 97 ou 2000) *Standard* ou *Microsoft Office* (95, 97 ou 2000) *Professionnel.*
- Cliquez sur *Microsoft Office.*
- Cliquez sur le bouton *Ajouter/Supprimer.*
- Introduisez le CD-ROM d'Office dans le lecteur.
- Dans le message Voulez-vous introduire le CD de Microsoft Office ?, cliquez sur le bouton *OK.*

- Attendez.
- Cliquez sur le bouton *Ajouter/Supprimer*.
- Dans la zone des options, cliquez sur *Convertisseurs et filtres*.
- Cliquez sur le bouton *Sélectionner tout*.
- Cliquez sur le bouton *Continuer*.
- Lorsqu'un message vous annonce que l'installation est terminée, cliquez sur le bouton *OK*.

Note

Si tous les convertisseurs sont installés, Excel peut ouvrir des fichiers aux formats suivants :
- Les textes bruts sans mise en page (ceux du bloc-notes par exemple). Les colonnes sont identifiées par une tabulation, une virgule ou un point virgule.
- Les fichiers Lotus.
- Les fichiers Works.
- Les fichiers Quattro Pro.
- Les fichiers dBase.

2. Si le fichier a été créé avec un autre logiciel, il devrait être enregistré sous un format reconnu par Excel.

3. Si vous êtes sûr que le fichier a été créé avec Excel, il est endommagé. Essayez de l'ouvrir avec Word : vous pourrez peut-être récupérer des données.

Le problème

Comment enregistrer un classeur à un format spécial ?

Solution

- Cliquez sur le menu *Fichier* (au sommet de la fenêtre).
- Cliquez sur la commande *Enregistrer sous*.

- Cliquez sur la petite flèche à l'extrémité de la zone située à droite de *Type de fichier*.
- Cliquez sur le nom du format.
- Choisissez le dossier de destination. Voyez à la page 143.
- Tapez le nom du fichier dans la zone blanche à droite de *Nom de fichier*.
- Cliquez sur le bouton *Enregistrer*.

Le problème **Comment modifier le contenu d'une cellule ?**

Solution

- Cliquez deux fois dans la cellule ou cliquez sur la cellule et enfoncez la touche *F2*.

Le problème **Comment annuler les modifications dans une formule que vous êtes occupé(e) à modifier ?**

Symptôme Vous êtes occupé à modifier la formule contenue dans une cellule. Le point d'insertion est dans la cellule et vous n'avez pas encore enfoncé la touche *Entrée*.

Solution

- Annulez toute modification en enfonçant la touche *Echap*.

Le problème **Chaque fois que vous tapez une lettre après un point, elle est automatiquement convertie en majuscule.**

Explication En principe, c'est prévu pour vous faciliter la tâche. Mais lorsque vous tapez par exemple une abréviation suivie d'un point, la majuscule sur la prochaine lettre ne se justifie pas.

Solution

Annulez l'option qui provoque ce comportement.

- Cliquez sur le menu *Outils* (au sommet de la fenêtre).
- Cliquez sur la commande *Correction automatique*.
- Cliquez dans la case devant l'option *Majuscule en début de phrase* pour la désactiver.

Le problème **Vous avez fait une bêtise. Comment l'annuler ?**

Explication Vous pouvez faire des erreurs. Vous en avez le droit. Excel mémorise tout ce que vous faites, action par action. Et vous pouvez à tout moment annuler les dernières actions.

Qu'est-ce qu'une action ?

Tout ce que vous faites est une action : taper des données dans une cellule, effacer, mettre en gras, encadrer. Seuls les déplacements du pointeur de cellule et la sélection de cellules ne sont pas des actions.

Deux actions ne peuvent pas être annulées : l'enregistrement du classeur et l'impression.

Chaque action que vous exécutez est ajoutée au sommet de la pile des actions mémorisées. Lorsque vous supprimez l'effet d'une action, toutes celles qui sont exécutées après elle sont également supprimées.

Par exemple

Les actions suivantes sont mémorisées :
- Mettre en gras.
- Taper "février" dans une cellule.
- Taper "janvier" dans une cellule.

Vous tapez dans une cellule le texte "mars". La pile des actions devient :
- Taper "mars" dans une cellule.
- Mettre en gras.
- Taper "février" dans une cellule.
- Taper "janvier" dans une cellule.

Si vous voulez annuler l'action "Taper février", toutes les actions au-dessus d'elle dans la pile seront également annulées.

Après l'annulation de l'action "Taper février", la pile devient :
- Taper "janvier" dans une cellule.

En parallèle avec la liste des actions réalisées, Excel dresse une autre liste, celle des actions annulées. Vous pouvez ainsi annuler une annulation.

Par exemple

Après avoir annulé l'action "Taper février", toute la pile des actions à partir de celle-la vers le haut passe dans la liste des actions annulées. Cette liste contient alors :
- Mettre en gras.
- Taper "février" dans une cellule.
- Taper "mars" dans une cellule.

Solution

Comment annuler la dernière action ?

● Cliquez sur le bouton *Annuler*.

Comment annuler plusieurs actions ?

- Cliquez sur la petite flèche à droite du bouton d'annulation.
- Cliquez sur la première action à annuler.

En cliquant sur l'action Frappe de "mars" en E11, toutes les actions exécutées après elle (en bleu) seront annulées.

Elles passent dans la liste des actions annulées.

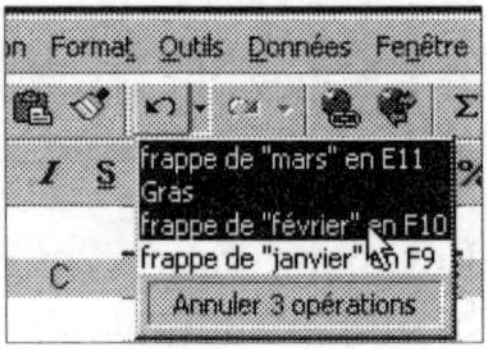

Comment ne rien annuler quand la liste des annulations est ouverte ?

- Cliquez n'importe où dans le texte, hors de la liste.

Comment annuler une annulation ?

- Cliquez sur le bouton *Rétablir.*

Comment annuler plusieurs annulations ?

- Cliquez sur la petite flèche à droite du bouton de restauration.
- Cliquez sur la première action à restaurer.

En cliquant sur l'action *Effacer*, toutes les actions qui la précèdent seront également restaurées.

Elles passent alors dans la liste des actions à annuler.

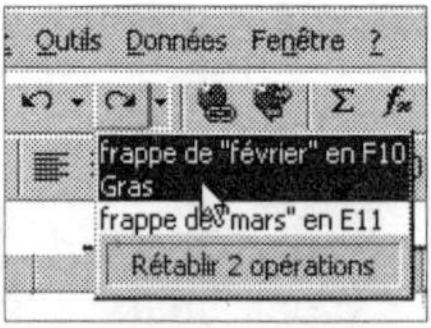

Le problème → **Une barre d'outils a disparu.**

Symptôme Normalement la fenêtre d'Excel affiche deux barres d'outils mais l'une d'entre elles (ou même les deux peut-être) a disparu. Où est-elle ?

Solution

Elle se cache. Mais vous pouvez la faire réapparaître en procédant comme ceci :

- Cliquez sur le menu *Affichage* (au sommet de la fenêtre).
- Cliquez sur *Barres d'outils*.
- Cliquez sur la barre d'outils manquante.

Les deux barres d'outils normalement présentes sont Standard et Mise en forme.

Le nom des barres d'outils affichées est précédé d'une marque.

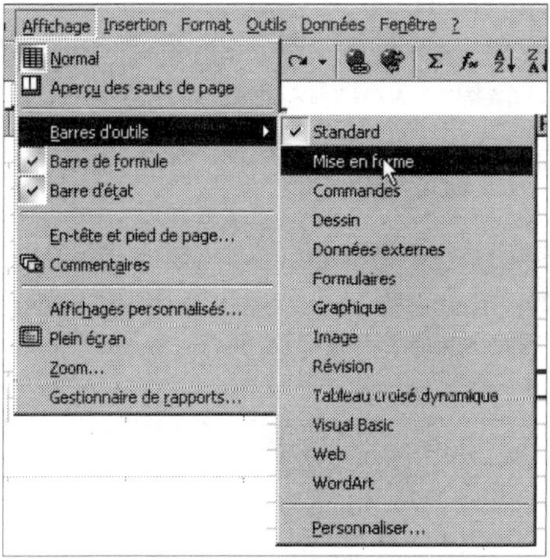

La barre d'outils Standard est affichée (son nom est précédé d'une marque). La barre d'outils Mise en forme n'est pas affichée.

Le problème **Une barre d'outils est affichée en plein milieu de la fenêtre.**

Symptôme Bizarrement, une barre d'outils a quitté sa position en haut de l'écran pour se promener au milieu de la fenêtre.

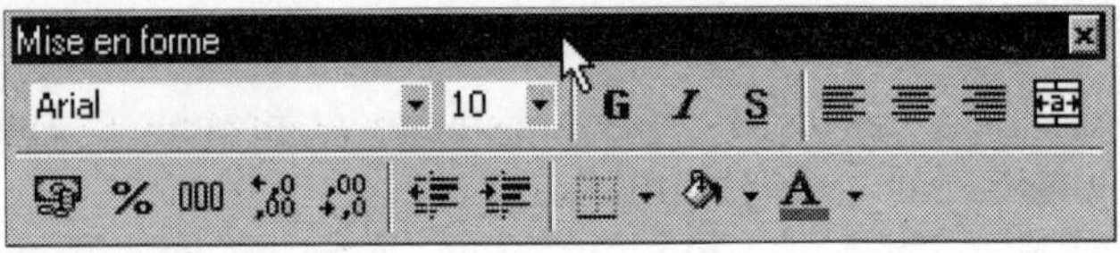

Solution

- Cliquez deux fois sur la bande bleue au sommet de la petite fenêtre de la barre d'outils.

Le problème **La fenêtre est divisée en deux ou quatre parties.**

Symptôme La fenêtre du document est divisée en deux ou quatre parties.

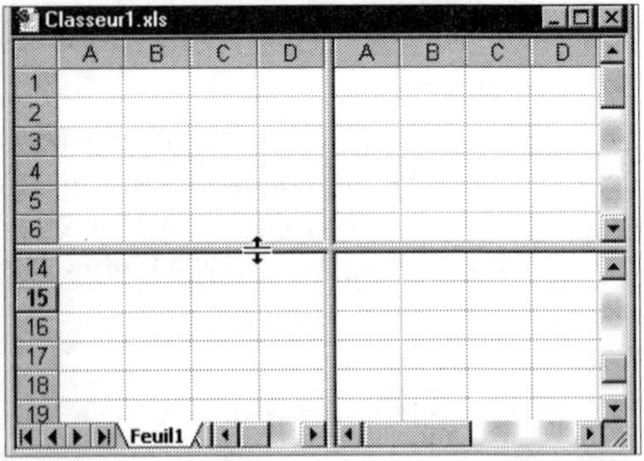

Explication

Comment est-ce que cette fenêtre s'est divisée en deux ou en quatre ?

Vous avez ouvert le deuxième volet horizontal en faisant glisser cette petite barre.

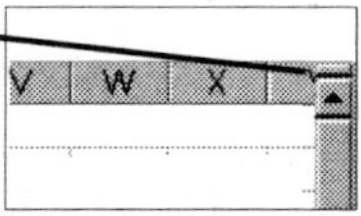

Vous avez ouvert le deuxième volet vertical en faisant glisser cette petite barre.

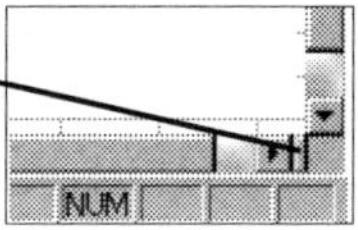

Solution

- Cliquez sur la barre horizontale (ou verticale) qui délimite les parties de la fenêtre (on les appelle des volets).
- Gardez enfoncé le bouton de la souris et faites glisser la barre tout en haut de la fenêtre.
- Lâchez le bouton de la souris.

Le problème **Une cellule affiche la formule et non son résultat.**

Symptôme Vous avez tapé une formule dans une cellule mais vous ne voyez pas le résultat. C'est la formule qui est visible.

Explication Vous avez oublié de taper le signe = pour commencer la formule.

Solution

- Cliquez deux fois dans la cellule.
- Cliquez au début de la formule.
- Tapez = et enfoncez la touche *Entrée*.

Le problème

Vous avez terminé l'écriture d'une formule et un message vous annonce qu'il y a une erreur.

Symptôme Lorsque vous enfoncez la touche *Entrée* pour valider une formule dans une cellule, le message suivant s'affiche :

Microsoft Excel a trouvé une erreur dans la formule saisie. Acceptez-vous la correction proposée ci-dessous ?

Explication Excel est très intelligent car il parvient non seulement à détecter les erreurs mais il propose également la correction.

Solution

- Si vous acceptez la correction, cliquez sur le bouton *Oui*.
- Si vous n'acceptez pas la correction, cliquez sur le bouton *Non* et corrigez vous-même.

Attention

Excel contrôle si les parenthèses sont équilibrées (autant de parenthèses ouvertes que de parenthèses fermées) mais il ne voit pas les erreurs de calcul ou de logique.

Le problème **Vous avez terminé l'écriture d'une formule et un message vous annonce qu'une parenthèse manque.**

Symptôme Lorsque vous enfoncez la touche *Entrée* pour valider une formule dans une cellule, le message suivant s'affiche :
Parenthèse) ou (manquante. Contrôlez la formule puis ajoutez les parenthèses aux endroits appropriés.

Explication Les parenthèses doivent être équilibrées. Une formule doit contenir autant de parenthèses) que de parenthèses (.

Solution

- Cliquez sur *OK* et corrigez les parenthèses.

Le problème **Une cellule affiche un résultat faux.**

Explication Visiblement, le résultat d'une formule est faux.

Solution

Ce n'est pas toujours facile de détecter où est l'erreur. Il faut contrôler votre feuille de calcul.

1. Voyez ce que contient chaque cellule dont l'adresse est mentionnée dans la formule.

Contrôlez chaque cellule depuis B10 jusqu'à B21.

=SOMME(B10:B21)

2. Si la formule est un peu complexe, vous pouvez la tester bloc par bloc :

- Cliquez dans la cellule.
- Cliquez dans la barre des formules.

- Sélectionnez une partie de la formule (pointez devant le premier caractère à sélectionner, cliquez, gardez enfoncé le bouton de la souris et glissez jusqu'au dernier caractère à sélectionner).
- Enfoncez la touche *F9* pour voir le résultat de la portion de formule sélectionnée.
- Enfoncez la touche *Echap* pour retrouver la formule d'origine.

La première partie de la formule est sélectionnée.

Après avoir enfoncé la touche *F9*, le résultat de la portion de formule qui était sélectionnée s'affiche.

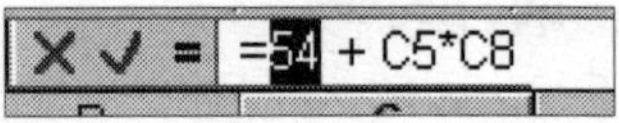

3. Contrôlez les opérateurs et les parenthèses.

Essayez ceci :

- Entrez dans une cellule la formule `=5+2*4`
- La cellule affiche comme résultat 13 et non pas 28.

Pourquoi ? parce que les multiplications (et les divisions) sont toujours effectuées avant les additions (et les soustractions). Mais ce qui est entre parenthèses est toujours effectué en priorité.

Dans l'exemple, si on veut que l'addition soit effectuée avant la multiplication, il faut écrire la formule comme ceci : `=(5+2)*4`

4. Vérifiez que chaque cellule affichant un nombre contienne effectivement une valeur numérique.

Pour qu'une donnée soit considérée comme une valeur numérique, il faut que tous les caractères soient numériques. Elle ne doit contenir aucun caractère de texte.

Les caractères considérés comme numériques sont les suivants :
- les 10 chiffres;
- les signes + et –
- le séparateur décimal.

Comment connaître le séparateur décimal reconnu par Excel ?

Tapez 5, tapez sur le point dans le coin inférieur gauche du pavé numérique, tapez 4, tapez sur *Entrée*. La cellule affichera la valeur 5 unités et 4 dixièmes. Le séparateur décimal sera la virgule ou le point.

De toute manière, quand vous tapez sur la touche "point" dans le coin inférieur droit du pavé numérique, c'est le séparateur décimal qui est introduit.

Un bon moyen pour savoir si une cellule contient du texte ou un nombre.

Si vous n'avez pas modifié l'alignement dans la cellule (gauche, centré ou droite), les valeurs numériques se collent sur le bord droit des cellules tandis que les textes se collent sur le bord gauche.

Cette valeur est un nombre
(aligné à droite)

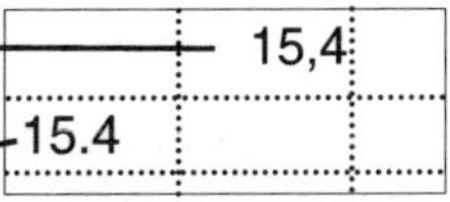

Cette valeur est un texte (aligné à gauche). Elle contient le point qui est un caractère de texte car le séparateur décimal est la virgule. Tout calcul incluant cette cellule renverra un résultat faux. Mais il n'y a pas toujours un message d'erreur qui indique que le résultat est faux.

Le problème

Une cellule affiche #VALEUR!

Symptôme Une cellule contenant une formule affiche `#VALEUR!` Au lieu du résultat.

Explication Elle fait référence à une cellule contenant du texte.

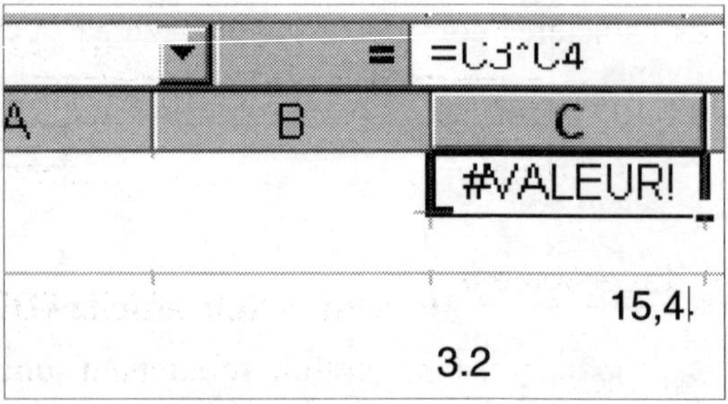

La cellule C4 contient du texte car 3.2 n'est pas un nombre (le point n'est pas le séparateur décimal).

Le problème Une cellule affiche #NOM?

Symptôme Une cellule contenant une formule affiche `#NOM?` au lieu du résultat.

Explication Elle contient une fonction mal orthographiée ou inconnue.

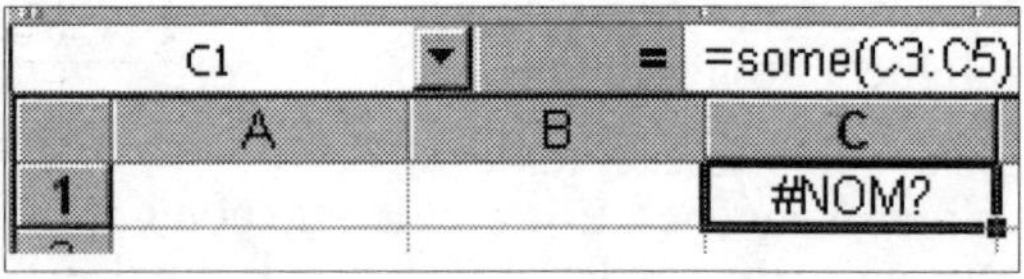

La fonction SOME n'existe pas.

Le problème Une cellule affiche #REF!

Symptôme La cellule fait référence à une adresse de cellule hors de la feuille de calcul.

Explication En général, cette erreur survient après la copie ou le déplacement d'une cellule contenant une formule.

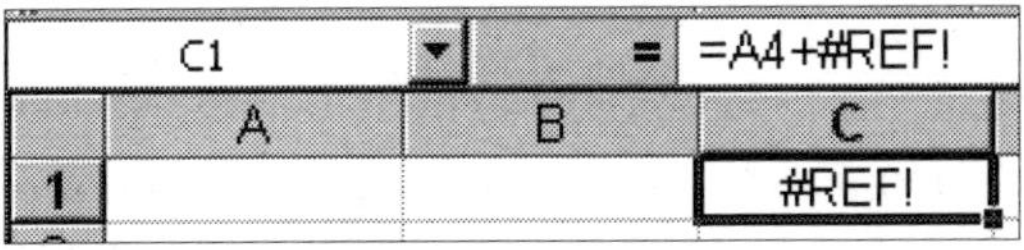

Le problème — **Une cellule affiche #DIV/0!**

Symptôme Une cellule contenant une formule affiche `#DIV/0!` au lieu du résultat.

Explication La cellule contient une division par zéro.

L'informatique en général a horreur du vide et de l'infini. Une division par zéro a pour résultat l'infini, ce qui est tout à fait inconcevable pour Excel. Et donc, pour lui, c'est une erreur.

Il est vrai que l'infini dans un calcul de budget ou une facture, ça fait rêver !

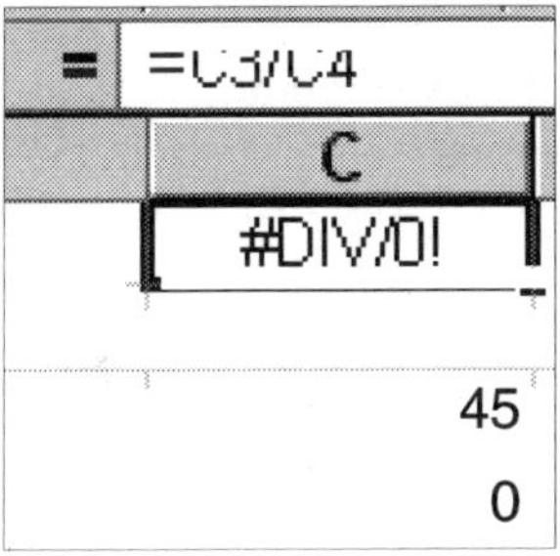

Le problème — **Une cellule est remplie de #**

Explication La cellule contient un nombre mais elle est incapable de l'afficher complètement car elle est trop étroite.

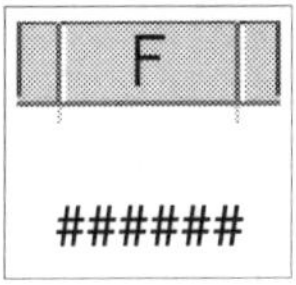

Solution

Elargissez la colonne contenant cette cellule :

- Cliquez juste à la limite droite de la colonne là où est indiquée la lettre qui l'identifie. Gardez le bouton enfoncé et faites glisser la souris vers la droite.

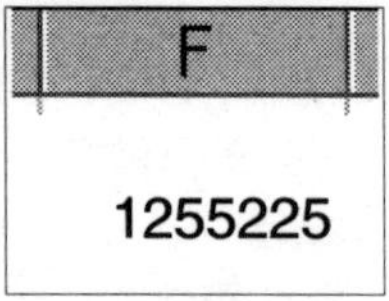

Après élargissement de la colonne.

Que la cellule affiche une succession de # ou le nombre en entier, cela ne change rien à la valeur qu'elle contient. Le résultat des formules qui font référence à cette cellule n'est pas affecté.

Le problème

Une cellule affiche un nombre sous une forme qui ressemble à 1E+06.

Symptôme La cellule contient un nombre mais elle ne peut pas l'afficher complètement car elle est trop étroite.

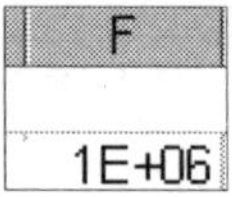

Elle l'affiche alors sous une forme que l'on appelle "ingénieur".

Explication 1E+06 signifie 1 x 106 c'est-à-dire 1.000.000 avec un arrondi au million.

Solution

Une fois la colonne élargie, la cellule affiche la valeur complète.

Le problème **Un message d'erreur vous informe qu'une cellule fait référence à son propre résultat.**

Symptôme Vous tapez sur la touche *Entrée* pour terminer l'introduction d'une formule et l'un des deux messages suivants s'affiche :

Microsoft Excel ne parvient pas à calculer une formule.

La formule fait référence à son propre résultat, donnant lieu à une référence circulaire.

Explication Microsoft Excel ne peut calculer une formule. Des références à des cellules contenues dans la formule désignent le résultat de la formule, créant ainsi une référence circulaire.

Exemples de références circulaires :

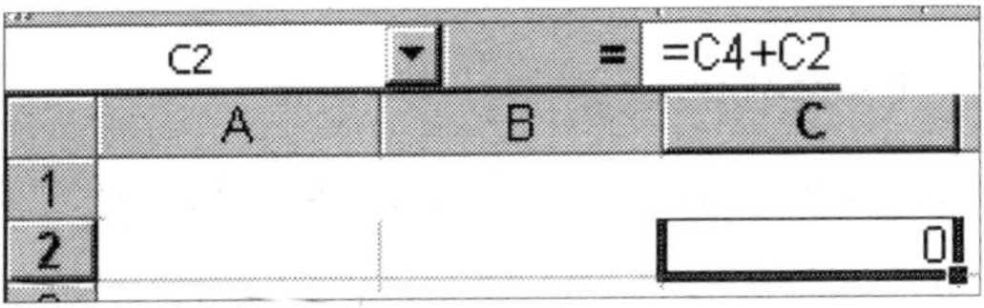

La formule de la cellule C2 fait référence à elle-même.

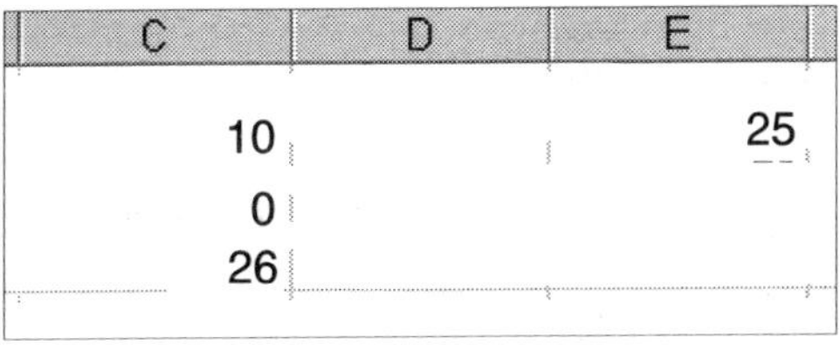

C3 contient la formule =C2+E2
E2 contient la formule =C2+C3
C3 fait référence à E2 qui fait référence à C3 :
la référence est circulaire.

Une cellule contenant une référence circulaire donne

toujours comme résultat : zéro. Le tableau tout entier est probablement faux.

Solution

- Pour annuler la formule : cliquez sur le bouton *Annuler*.
- Pour valider quand même la formule : cliquez sur le bouton *Annuler*.

Le message n'apparaîtra plus mais l'indication *Circulaire* reste affichée dans la barre d'état tant qu'elle n'est pas corrigée. L'adresse indiquée est celle de la première cellule contenant une référence circulaire. Cette cellule est votre point de départ pour la recherche de l'erreur.

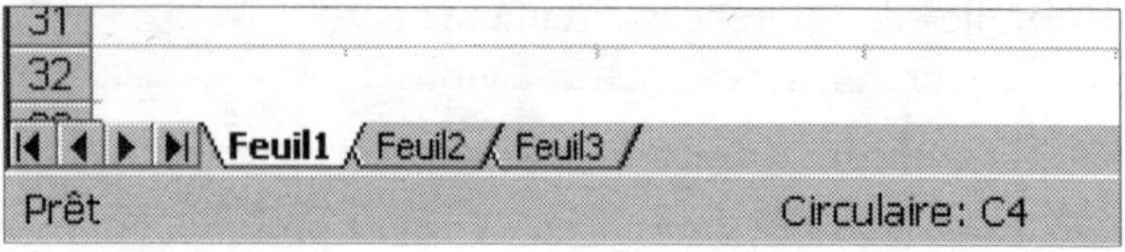

Attention

Une référence circulaire doit toujours être corrigée.

Le problème

Une cellule n'affiche pas tout le texte qu'elle contient.

Symptôme Vous avez entré un texte dans une cellule mais le texte est coupé. Il n'est pas affiché en entier.

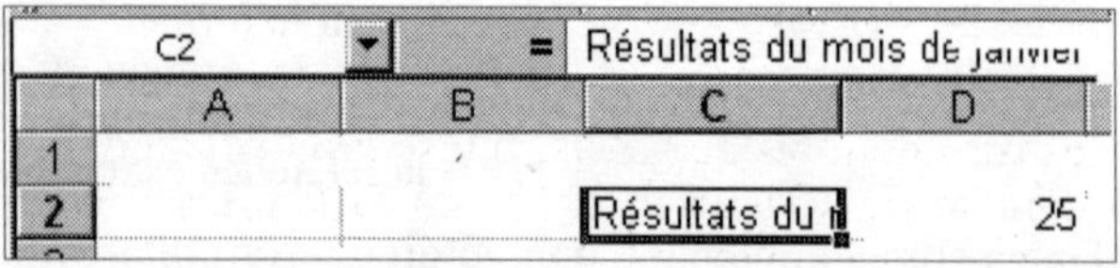

Explication Lorsque le texte contenu dans une cellule est trop long pour tenir en entier dans la cellule, il déborde dans la cellule voisine si celle-ci est vide. Sinon, le texte s'arrête à la limite de la cellule.

Solution

1. Elargissez la colonne où figure cette cellule.

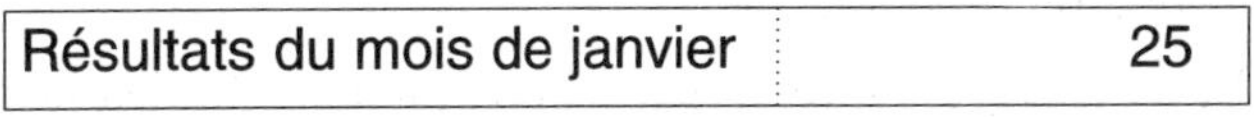

2. Modifiez le format de cette cellule pour que le texte soit affiché sur plusieurs lignes.

- Cliquez dans la cellule.
- Cliquez sur le menu *Format* (au sommet de la fenêtre).
- Cliquez sur la commande *Cellule.*
- Cliquez sur l'onglet *Alignement.*
- Cliquez sur la case blanche devant l'option *Renvoyer à la ligne automatiquement* pour l'activer.

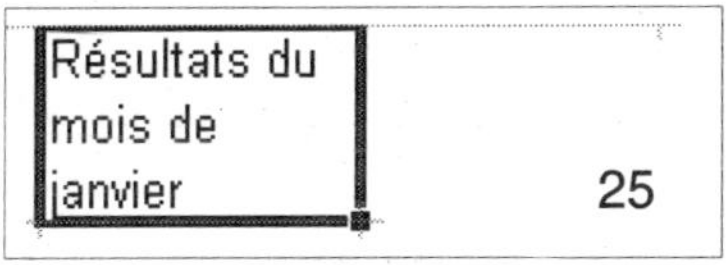

Le problème **Vous tapez un nombre et c'est une date qui apparaît.**

Symptôme Dans une cellule, vous avez tapé un nombre et c'est une date qui est affichée.

Explication Cela ne change rien aux calculs mais les frais du mois de janvier qui se montent à 6/05/14, ça manque de sérieux et on a des difficultés à imaginer qu'en fait cela vaut 5.240 francs.

Solution

- Cliquez sur le menu *Edition* (au sommet de la fenêtre).
- Cliquez sur la commande *Effacer*.
- Cliquez sur la commande *Formats*.

Le problème **Comment trouver le nom d'une fonction ?**

Symptôme Vous écrivez une formule et vous voulez introduire une fonction dont vous ne connaissez pas le nom.

Solution

- Cliquez sur la petite flèche en haut à gauche (au-dessus de la colonne A).

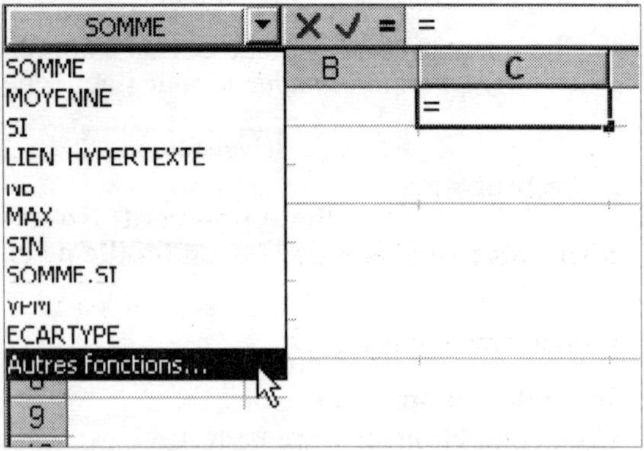

- Cliquez sur *Autres fonctions*.
- Cliquez sur la catégorie dans laquelle se trouve la fonction que vous recherchez.
- Cliquez sur une fonction dans la liste droite (utilisez

les petites flèches vers le haut et vers le bas pour faire défiler la liste des fonctions).

- L'explication de la fonction sur laquelle vous avez cliqué est affichée dans le bas de la boîte de dialogue.
- Lorsque vous avez trouvé la fonction, cliquez sur *OK*.

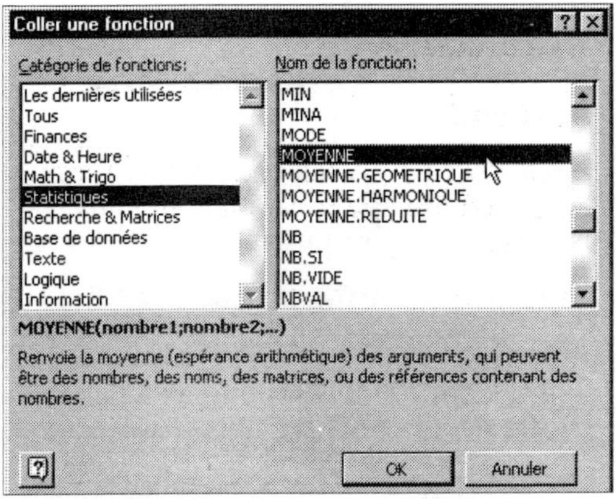

Le problème **Soudainement, votre tableau disparaît : vous êtes devant un feuille de calcul vide.**

Symptôme Oups ! Que s'est-il passé ? Ce n'est probablement pas très grave.

Solution

Comment retrouver votre tableau ?

1. Faites glisser la fenêtre vers la gauche ou vers le haut.

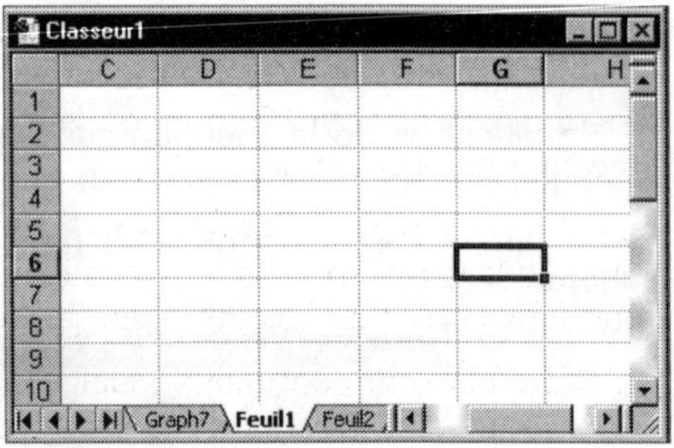

2. Enfoncez la touche *Ctrl*. Gardez-la enfoncée et enfoncez la touche *Origine*.

3. Cliquez sur les onglets de feuilles.

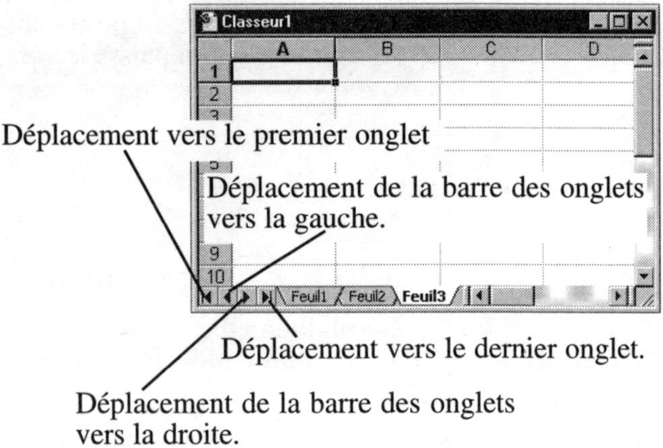

4. Si le tableau n'est pas encore revenu, cliquez sur le bouton d'annulation (vous le trouverez sur la barre des tâches en haut de la fenêtre).

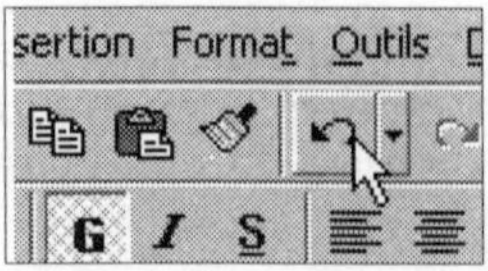

5. La feuille de calcul reste toujours aussi vide ? Cliquez sur le menu *Fenêtre* (au sommet de la fenêtre). Est-ce que vous voyez le nom de votre classeur dans la liste ? Cliquez dessus.

6. Toujours rien ? Cliquez sur le menu *Fichier* (au sommet de la fenêtre). Voyez-vous le nom de votre classeur dans la liste au bas du menu ? Cliquez dessus.

7. Votre classeur continue à jouer au fantôme ? Sortez votre mouchoir : il est probablement perdu.

Explication Quelles sont les causes de cette soudaine disparition ?

Vous avez déplacé le document dans la fenêtre en utilisant la barre de défilement horizontale ou verticale. Le document est toujours là mais la fenêtre est positionnée trop à droite ou trop en bas pour qu'on puisse le voir.

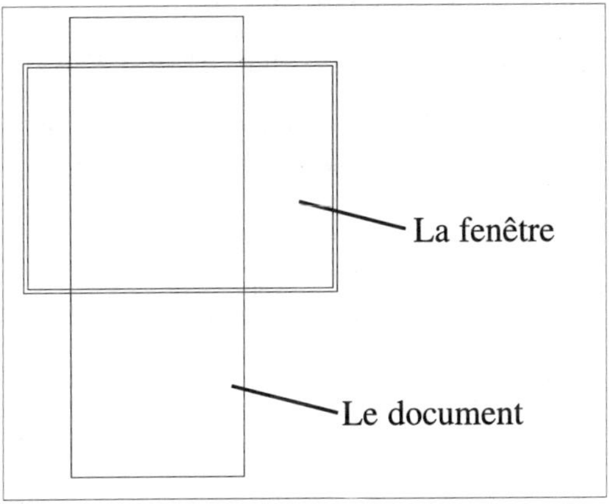

Les solutions 1 et 2 résolvent le problème.

Vous avez cliqué sur l'onglet d'une autre feuille. La solution 3 devrait vous permettre de retrouver la bonne feuille.

Vous avez sélectionné l'ensemble de la feuille de calcul (toutes les cellules étaient noires) et vous avez ensuite enfoncé la touche *Suppr*. La solution 4 résout le problème.

Vous avez créé un nouveau classeur. Sa fenêtre s'est superposée à la fenêtre du classeur que vous voyiez précédemment. Vous ne voyez plus que la fenêtre du nouveau classeur.

La solution 5 résout le problème.

Vous avez fermé le classeur. Il suffit donc de l'ouvrir à nouveau pour le retrouver (solution 6).

Le problème

Vous déplacez ou vous copiez une cellule et un message vous demande si vous voulez remplacer le contenu des cellules de destination.

Symptôme Vous faites glisser un ensemble de cellules à un autre emplacement et le message suivant s'affiche :

Voulez-vous remplacer le contenu des cellules de destination ?

Solution

1. Si vous cliquez sur le bouton *OK*, les cellules de destination seront vidées et remplacées par le contenu des cellules que vous glissez.

2. Si vous cliquez sur le bouton *Non*, vous annulez la copie ou le déplacement de cellules que vous avez entamé.

Internet

5

La connexion

Le problème **Le modem fonctionne bien mais il ne parvient pas à vous connecter.**

Symptôme Le modem compose le numéro. Vous entendez quelques sonneries. Mais la connexion ne s'établit pas : le modem ferme la ligne.

Eventuellement, l'un des messages suivants s'affiche :
Erreur 629. Vous avez été déconnecté de l'ordinateur que vous avez appelé. Double-cliquez sur la connexion et essayez à nouveau.
Erreur 635 : impossible d'établir la session Accès réseau à distance. Vérifiez votre paramètre de type de serveur dans les propriétés de la connexion puis essayez à nouveau.

Explication Ce problème est dû au modem mal configuré ou au réseau Internet lui-même.

1. Contrôlez le bon fonctionnement de votre modem. Voyez à la page 131.

2. Quittez et redémarrez Windows.

- Cliquez sur le bouton *Démarrer*.
- Cliquez sur *Arrêter*.
- Validez l'option *Arrêter* et cliquez sur le bouton *OK*.
- Lorsque le message indiquant que vous pouvez éteindre l'ordinateur s'affiche, éteignez l'ordinateur.
- Attendez 10 secondes et rallumez l'ordinateur.
- Essayez à nouveau de vous connecter.

3. Vérifiez les paramètres de la connexion.

- Sur le Bureau, cliquez deux fois sur l'icône du Poste de travail.

- Cliquez deux fois sur l'icône *Accès réseau à distance*.

- Cliquez avec le bouton droit de la souris sur l'icône de votre connexion.
- Cliquez sur *Propriétés*.
- Vérifiez si le numéro d'appel est bien celui de l'ordinateur de votre fournisseur d'accès (cette information figure dans les documents qu'il vous a fournis).
- Voyez également les solutions proposées lorsque le modem compose un mauvais numéro (page 129).

4. Vérifiez les paramètres du serveur.

- Toujours dans la boîte de dialogue des propriétés, cliquez sur le bouton (ou sur l'onglet) *Type de serveur*.
- Contrôlez que vous avez bien sélectionné le type PPP.
- Contrôlez si l'option *Se connecter à un réseau* est bien active.
- Contrôlez si le protocole TCP/IP est bien actif.

5. Vérifiez les paramètres TCP/IP

- Encore toujours dans la boîte de dialogue des propriétés, cliquez sur le bouton (ou sur l'onglet) *Type de serveur*.
- Cliquez ensuite sur le bouton *Paramètres TCP/IP*.
- En général, l'option *Adresse IP* attribuée par le serveur doit être active.
- En général, l'option *Spécifier les adresses de serveurs de noms* doit être active. Le DNS primaire et le DNS secondaire doivent être mentionnés (au minimum l'un des deux). Consultez la documentation que vous avez reçue de votre fournisseur d'accès. Ces

aucun caractère même s'il vous paraît insignifiant.

9. La ligne téléphonique est peut-être parasitée.

- C'est peut-être un problème de câble. Contrôlez et remplacez éventuellement le câble qui connecte le modem à la prise téléphonique.
- Décrochez votre téléphone. Est-ce que la tonalité est claire et normale ? Est-ce que lors d'une conversation téléphonique normale, vous entendez des parasites ? Si la qualité des communications téléphoniques est mauvaise, la connexion par modem ne sera pas meilleure.
- Si c'est vraiment la communication téléphonique qui est parasitée, vous ne pouvez rien faire vous-même. C'est peut-être provisoire. Essayez à nouveau dans un heure. C'est peut-être plus grave.
- Téléphonez au service technique de votre fournisseur d'accès Internet pour lui expliquer le problème.
- Vous pouvez vous plaindre auprès de votre opérateur téléphonique.

10. De votre côté, tout semble correct. Téléphonez au service tcchnique (ou à la hot line) de votre fournisseur d'accès. Vous payez : vous avez droit à une aide.

Le problème → **Le modem vous connecte et se déconnecte immédiatement en vous demandant si vous voulez vous reconnecter.**

Symptôme Vous entendez le modem composer le numéro et se connecter à votre fournisseur d'accès. Dès que vous êtes en ligne, le modem se déconnecte et un message vous propose de vous reconnecter.

Explication Il est un peu perturbé : ne l'énervez pas !

Le problème vient soit de la configuration de votre modem, soit de votre fournisseur d'accès.

Solution

1. Contrôlez le nom du modem installé.

- Cliquez sur le bouton *Démarrer*.
- Posez le pointeur de la souris sur *Paramètres*.
- Cliquez sur *Panneau de configuration*.
- Cliquez deux fois sur l'icône *Modems*.

- Contrôlez si le modem indiqué est bien le vôtre. Si ce n'est pas le cas, réinstallez-le. Voyez à la page 135.

2. Contrôlez la chaîne d'initialisation du modem. Certaines marques conseillent de définir une chaîne d'initialisation pour leur modem. Voyez dans le manuel du modem si c'est le cas.

- Toujours dans la fenêtre des propriétés du modem, cliquez sur le nom de votre modem.
- Cliquez sur le bouton *Propriétés*.
- Cliquez sur l'onglet *Connexion*.
- Cliquez sur le bouton *Avancés*.
- Cliquez dans la zone *Paramètres supplémentaires*.
- Entrez les codes d'initialisation recommandés par le constructeur du modem. Si aucun code n'est proposé par le constructeur, vous pouvez toujours entrer `ATZ`: ça ne peut pas faire de tort.

3. Le modem continue à se connecter et à se déconnecter aussitôt ? Essayez encore ceci :

- Cliquez deux fois sur l'icône du Poste de travail sur le Bureau.

- Cliquez deux fois sur le dossier *Accès réseau à distance*.

- Cliquez avec le bouton droit de la souris sur l'icône de votre connexion.

- Cliquez sur *Propriétés*.
- Cliquez sur l'onglet (ou sur le bouton) *Type de serveur*.
- Cliquez sur la case blanche devant l'option *Se connecter à un réseau* pour la désactiver.

4. Cela ne s'arrange pas ? Téléphonez au service technique de votre fournisseur d'accès.

Le problème **Le modem se connecte mais la boîte dc dialogue du mot de passe revient continuellement.**

Symptôme Le modem compose le numéro, il établit la connexion, il ouvre la boîte de dialogue pour l'introduction de votre mot de passe. Vous tapez le mot de passe mais cette boîte de dialogue revient sans cesse comme si vous n'aviez rien fait.

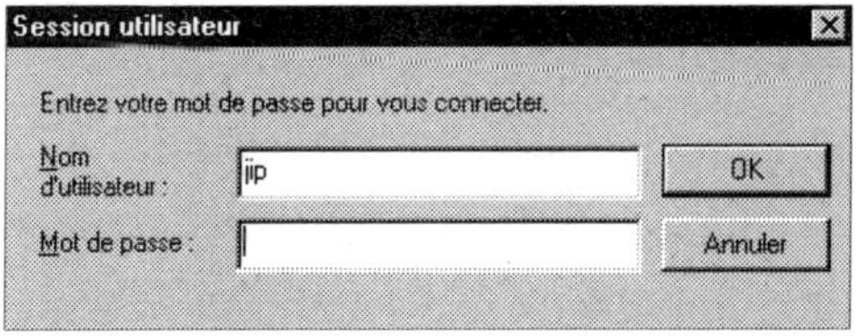
Session utilisateur

Entrez votre mot de passe pour vous connecter.

Nom d'utilisateur : jip

Mot de passe :

OK

Annuler

1. Le nom d'utilisateur ou le mot de passe n'est pas correct. Vous faites probablement une faute de frappe.

Le nom et le mot de passe doivent être tapés exactement, avec les majuscules et minuscules, les caractères spéciaux. Revoyez les documents que vous a donnés votre fournisseur d'accès.

Note

> Le mot de passe `Xpr21*cN` est différent de `XPR21*cn`.

2. Si vous tapez exactement le nom et le mot de passe que vous avez reçus, contrôlez les paramètres de la connexion et du modem. Voyez à la page 131.

3. Avez-vous payé votre abonnement à votre fournisseur d'accès ?

4. Rien ne va ? téléphonez au service technique ou à la hot-line de votre fournisseur d'accès. Ils sont là pour solutionner ce genre de problème.

Le problème **Il est impossible d'enregistrer le mot de passe car l'option d'enregistrement est inaccessible.**

Symptôme Dans la boîte de dialogue de la connexion, la case à cocher pour l'enregistrement du mot de passe est grisée et donc inaccessible.

Solution

Suivez cette procédure :

- Cliquez sur le bouton *Démarrer.*
- Posez la souris sur *Paramètres*.
- Cliquez sur *Panneau de configuration*.
- Cliquez deux fois sur l'icône *Réseau*.

- Cliquez sur le bouton *Ajouter.*
- Cliquez sur *Client.*
- Cliquez sur le bouton *Ajouter.*
- Dans la liste des constructeurs, cliquez sur *Microsoft.*
- Dans la liste de droite, cliquez sur *Client pour les réseaux Microsoft.*
- Cliquez sur *OK.*
- Cliquez sur la petite flèche à droite de la zone sous *Ouverture de session réseau principale.*
- Cliquez sur *Client pour les réseaux Microsoft.*
- Cliquez sur *OK.*
- Quand un message vous propose de redémarrer, acceptez.
- Au démarrage, Windows va demander un nom d'utilisateur et un mot de passe. Tapez votre nom et ne complétez pas le mot de passe.
- Cliquez sur *OK.*
- Lors de votre prochaine connexion à Internet, la case à cocher pour l'enregistrement du mot de passe sera blanche : cliquez dedans.

Le problème

Comment vous déconnecter ?

Explication Vous pouvez bien sûr éteindre simplement le modem. Quoique cela manque d'élégance, ce n'est pas interdit.

Mais il est préférable de quitter proprement.

Solution

- Cliquez deux fois sur la petite icône de connexion à distance à l'extrémité droite de la barre des tâches de Windows.

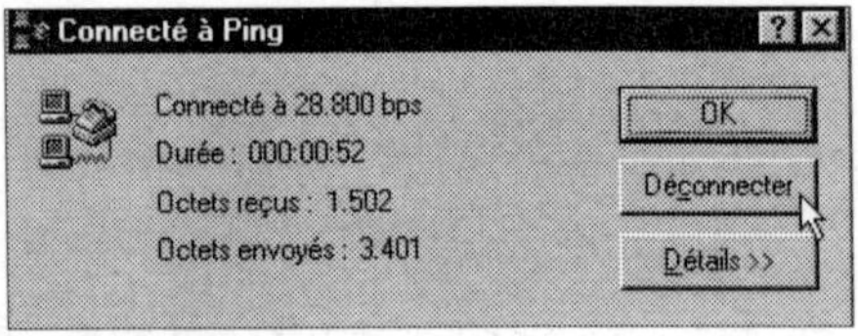

- Cliquez sur le bouton *Déconnecter*.

Les sites et le surf en général

Le problème **Comment distinguer l'adresse d'un site de l'adresse électronique de quelqu'un ?**

Solution

Les adresses de sites se présentent toujours sous cette forme :
- http://www.marabout.com
- http://home.netscape.com
- ftp://ftp.marabout.com/pub

Parfois, on abrège :
- www.marabout.com
- home.netscape.com

Attention

Les majuscules et minuscules ont leur importance. Par exemple, ftp://ftp.marabout.com/pub n'est pas la même adresse que ftp://ftp.marabout.com/PUB

Les adresses email, par contre, se présentent toujours comme ceci :
- michel@france.net
- jean.michel@france.net
- jmichel@france.fr

Pour résumer : s'il n'y a pas de @, ce n'est pas une adresse électronique. Seules les adresses électroniques contiennent le signe @.

En règle générale, pour les adresses (adresses électroniques et adresses de sites) :
- Les majuscules et minuscules sont importantes. Par exemple, ftp://ftp.marabout.com/pub n'est pas la même adresse que ftp://ftp.marabout.com/PUB.
- Il n'y a jamais d'espace ni de caractères accentués (é, è, ç, à, ù, ...).
- Chaque signe est important même s'il ne s'agit pas d'une lettre ou d'un chiffre.
- Les signes _ et ~ sont aussi importants que les autres : vous les trouverez sur votre clavier.

Le problème

Vous êtes connecté sur un site et le message Connection Reset by peer s'affiche.

Symptôme Tout à coup, vous ne pouvez plus visiter le site sur lequel vous êtes connecté et le message suivant s'affiche :

Connection Reset by peer.

Explication L'ordinateur auquel vous êtes connecté ou le serveur Web a interrompu votre connexion. Il ne veut plus de vous. Ce n'est pas parce que votre tête ne lui revient pas mais à cause d'un trafic trop important ou d'une erreur lors de l'accès à une page ou au serveur lui-même.

Solution

- Essayez à nouveau dans quelques minutes (ou quelques heures).

Le problème **Vous êtes connecté sur un site et le message HTTP Server too Busy s'affiche.**

Symptôme Vous ne pouvez plus visiter le site et le message suivant s'affiche :
HTTP Server too Busy

Explication Le serveur est surchargé. Le nombre maximum de connexions est atteint.

Solution

- Essayez à nouveau dans quelques minutes (ou quelques heures).

Le problème **Le message Bad File Request s'affiche dans la fenêtre de votre navigateur**

Symptôme Vous avez cliqué sur un lien et la fenêtre de votre navigateur affiche Bad File Request.

Explication Le fichier qui devrait être téléchargé n'existe pas ou ne peut pas être téléchargé.

Solution

L'erreur est probablement du côté du site lui-même. Vous ne pouvez pas faire grand-chose à part envoyer un message électronique au WebMaster.

Le problème **Le message Host Unknown s'affiche dans la fenêtre de votre navigateur.**

Symptôme Vous avez une adresse pour atteindre un site et la fenêtre de votre navigateur affiche : Host Unknown.

Solution

Le site n'existe pas ou vous avez fait une faute de frappe dans l'adresse.

Le problème **Un code d'erreur HTTP s'affiche dans la fenêtre de votre navigateur.**

Symptôme Au lieu de la page Web que vous espériez, un code d'erreur s'affiche : 400, 401, 403, 404, 502, 503.

Explication Quelle est la signification de ces codes ?

400 L'adresse du site n'est pas correcte. Peut-être également que le site lui-même n'existe pas. Corrigez en veillant spécialement aux majuscules et minuscules et aux caractères spéciaux.

401 Le mot de passe que vous avez introduit n'est pas correct. Certains sites exigent un mot de passe à l'entrée.

403 L'accès à ce site ou à cette page est interdit sans un nom d'utilisateur et un mot de passe. Si vous avez tapé un nom d'utilisateur et un mot de passe, vérifiez-les.

404 La page du site est incorrecte. Le site lui-même existe mais la page demandée est inexistante. Par exemple si vous tapez l'adresse http://www.marabout.com/nouv.html, cela pro-

duira une erreur 404 car www.marabout.com existe mais nouv.html n'existe pas.

502 Le site est surchargé. Le nombre maximal de connexions simultanées est atteint. Essayez de vous connecter à nouveau dans quelques minutes.

503 Le serveur (l'ordinateur qui héberge le site) est surchargé par un trop grand nombre de connexions. Essayez à nouveau plus tard.

Le problème → **Pourquoi, dans une page Web, y a-t-il plusieurs couleurs pour les liens ?**

Explication Au fur et à mesure que vous visitez des sites, les différentes pages, les images sont téléchargées et copiées sur votre disque dur.

Lorsqu'il affiche une page Web, le navigateur montre avec une certaine couleur les liens vers des pages qui sont déjà copiées sur votre disque (donc, vous avez déjà visité ces pages). Il affiche dans une autre couleur les liens vers des pages qui ne sont pas sur votre disque dur (donc, vous n'avez pas visité récemment ces pages).

Les couleurs dépendent de la manière dont les pages ont été conçues. Il n'y a pas de généralités.

Le problème → **Comment faire traduire un site rédigé dans une langue étrangère ?**

Symptôme Beaucoup de sites Internet sont en langue anglaise. Mais il existe un traducteur en ligne.

Solution

- Tapez dans la zone des adresses :
  http://www.babelfish.altavista.digital.com/cgi-bin/translate

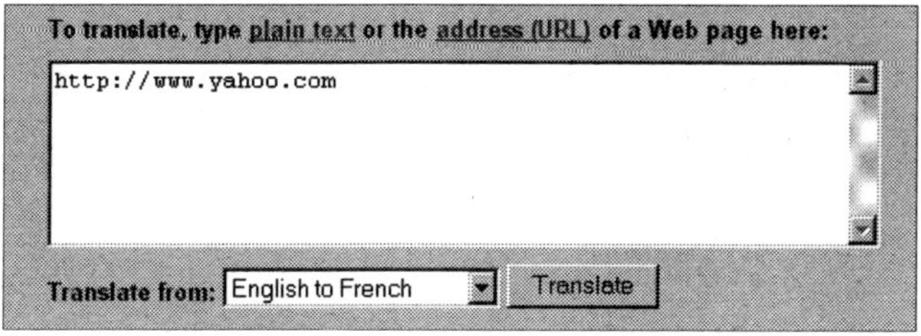

- Tapez dans la zone blanche l'adresse complète de la page à traduire.
- Cliquez sur le bouton *Translate*.

La traduction est parfois approximative et toujours littérale. Les contre-sens sont fréquents. Mais cela donne une idée du contenu de la page.

Le problème → **Un site vous annonce que vous avez besoin d'un plug-in.**

Explication Un plug-in est un complément nécessaire pour afficher les données proposées par certains sites. Les plug-ins doivent être sur votre disque dur pour que vous puissiez voir ces pages. Shockwave, par exemple, est un plug-in destiné à afficher des animations. Il est quasiment indispensable car utilisé par de plus en plus de sites.

Si vous voulez profiter au maximum du site, le plug-in est indispensable.

Solution

- Téléchargez-le : souvent, c'est possible à partir du site qui le propose.
- Installez-le. Voyez à la page 284 comment installer un fichier téléchargé.

- Fermez toutes les fenêtres de votre navigateur.
- Ouvrez à nouveau votre navigateur et le site que vous vouliez visiter.

Le problème **Vous ne pouvez plus revenir en arrière.**

Symptôme Vous cliquez sur le bouton qui affiche la page précédente mais le bouton est grisé et vous ne pouvez pas revenir en arrière.

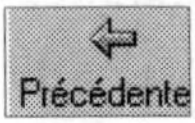

Solution

Vous avez peut-être atteint la première page que vous avez visitée. Vous ne pouvez donc remonter plus loin.

Il est possible également que vous utilisiez une fenêtre ouverte automatiquement par un site. Dans ce cas, dans la barre des tâches de Windows (au bas de l'écran), vous devez voir au moins deux boutons concernant votre logiciel de navigation. Cliquez sur l'un des boutons pour activer une autre fenêtre qui vous permettra de continuer votre marche à rebours.

Internet Explorer

Le problème **Au démarrage du logiciel, un message vous informe qu'Internet Explorer n'est pas le navigateur par défaut.**

Symptôme Vous démarrez Internet Explorer et le message suivant s'affiche :

Internet Explorer n'est pas votre navigateur par défaut. Voulez-vous en faire votre navigateur par défaut ?

Solution

1. Si vous cliquez sur le bouton *Oui*, lorsque vous cliquerez sur l'icône d'un raccourci vers un site Internet, c'est Internet Explorer qui s'ouvrira et non pas un autre logiciel de navigation.

2. Si vous cliquez sur le bouton *Non*, lorsque vous cliquerez sur l'icône d'un raccourci vers un site Internet, c'est un autre logiciel de navigation qui s'ouvrira et non pas Internet Explorer.

Le problème **Vous avez tapé l'adresse d'un site ou vous avez cliqué sur un lien et un message vous informe qu'Internet Explorer ne peut pas ouvrir le site.**

Symptôme Vous avez tapé l'adresse d'un site et vous avez enfoncé la touche *Entrée*. Après quelques instants (quelques minutes parfois), un message s'affiche :

Internet Explorer ne peut pas ouvrir le site (...). Impossible d'établir une connexion avec le serveur.

Explication L'adresse que vous avez tapée ne correspond à aucun site ou il y a un problème de configuration dans votre système.

Solution

1. Cliquez sur le bouton *OK*. Contrôlez si l'orthographe du nom du site est correcte et si l'adresse est complète.

2. Si vous pouvez vous connecter à d'autres sites, c'est que le site que vous cherchez à visiter n'est pas disponible pour une raison technique qui ne dépend pas de vous mais de l'ordinateur où est installé le site ou du réseau Internet lui-même.

3. Contrôlez le nom du serveur Proxy.

- Cliquez sur le menu *Affichage* (au sommet de la fenêtre).
- Cliquez sur la commande *Options Internet*.
- Cliquez sur l'onglet *Connexion*.
- Contrôlez si le nom du serveur Proxy et si le numéro de port sont corrects (consultez les documents que vous a donnés votre fournisseur d'accès).
- Essayez aussi de le désactiver.

4. Contrôlez l'adresse du serveur DNS.

- Cliquez sur le bouton *Démarrer*.
- Posez le pointeur de la souris sur *Paramètres*.
- Cliquez sur *Panneau de configuration*.
- Cliquez deux fois sur l'icône *Réseau*.

- Cherchez TCP/IP dans la liste (en cliquant sur la petite flèche vers le bas).
- Cliquez sur le bouton *Propriétés*.

- Cliquez sur l'onglet *Configuration DNS*.
- Consultez les documents de votre fournisseur d'accès. Voyez s'ils vous indiquent l'adresse d'un ou deux serveurs DNS ou s'ils vous informent qu'il ne faut indiquer aucun serveur DNS.
- Si vous ne devez indiquer aucun serveur DNS, l'option *Désactiver DNS* doit être active (le rond blanc devant l'option doit être noirci).
- Si vous devez indiquer un ou deux serveurs DNS, le rond blanc devant *Activer DNS* doit être noirci. Cliquez dedans si ce n'est pas le cas.
- Complétez les zones *Hôte* et *Domaine* selon les indications de votre fournisseur d'accès. S'il ne donne aucune information pour ces deux zones, entrez n'importe quoi.

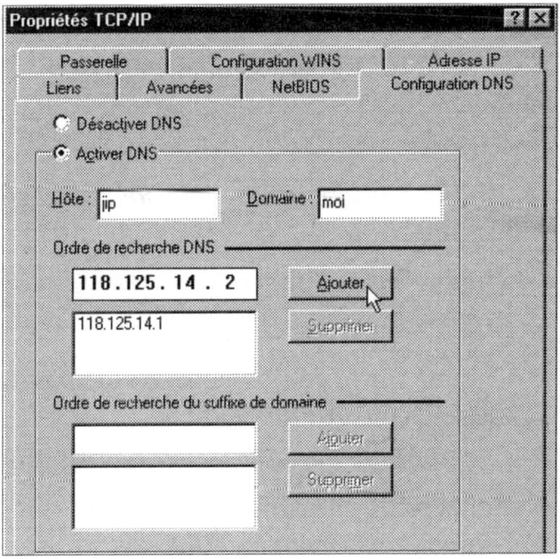

- Tapez l'adresse du premier serveur DNS dans la zone sous l'indication *Ordre de recherche DNS*. Respectez bien l'emplacement des points. Cliquez sur *Ajouter.*

- Faites de même pour la deuxième adresse.
- Cliquez sur le bouton *OK* deux fois.

Le problème

Aucune image n'apparaît.

Symptôme Les pages Web s'affichent normalement mais les images n'apparaissent pas.

Explication L'option de chargement des images est désactivée.

Solution

- Cliquez sur le menu *Affichage* (au sommet de la fenêtre).
- Cliquez sur la commande *Options.*
- Cliquez sur l'onglet *Avancées.*
- Cliquez sur la petite flèche vers le bas jusqu'à ce que vous voyiez *Multimédia.*
- Cliquez dans la case blanche devant l'option *Afficher les images* pour l'activer.
- Cliquez sur le bouton *OK.*

Note

Lorsque les images ne s'affichent pas, c'est plus rapide mais moins beau. Rien n'est parfait ...

Le problème **Quelques images n'apparaissent pas.**

Symptôme Sur la page que vous voyez à l'écran, plusieurs images apparaissent mais quelques-unes ne s'affichent pas. Vous ne voyez que leur cadre avec une petite croix rouge dans le coin supérieur gauche.

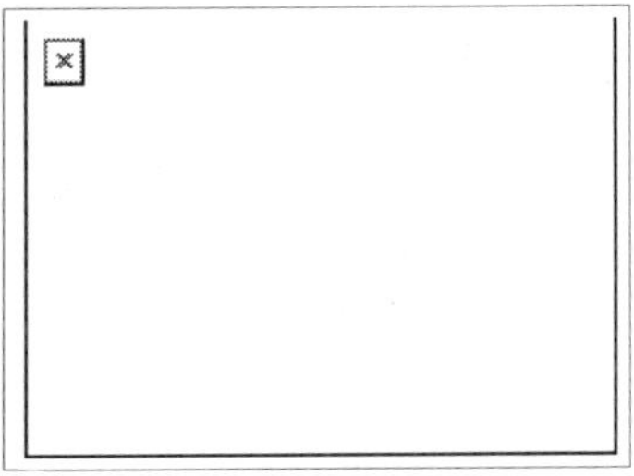

Explication Soit le système manque de mémoire pour afficher toutes les images, soit l'auteur de la page a fait une erreur.

Solution

1. Essayez de fermer quelques applications.
2. Eventuellement fermez et ouvrez à nouveau Internet Explorer.
3. Si les mêmes images n'apparaissent toujours pas, envoyez un message électronique à l'auteur de la page pour l'informer du problème.

Le problème **La page en cours est incomplète.**

Symptôme Le texte n'est pas affiché jusqu'au bout, certaines images sont partiellement visibles.

1. La connexion avec le site est spécialement lente.

Essayez de recharger la page en cliquant sur le bouton *Actualiser*.

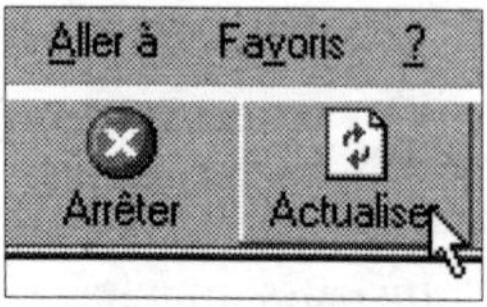

2. Rechargez la page avec la méthode suivante :

- Cliquez dans la zone blanche où est indiquée l'adresse du site.
- Enfoncez la touche *Maj* (sur le clavier) et gardez-la enfoncée pendant que vous tapez sur la touche *Entrée*.

3. Abandonnez provisoirement et retournez plus tard sur ce site : vous aurez peut-être plus de chance.

Le problème

En arrivant sur un site ou en ouvrant une page Web, un mot de passe vous est demandé.

Symptôme Une boîte de dialogue s'ouvre pour que vous tapiez votre nom et votre mot de passe.

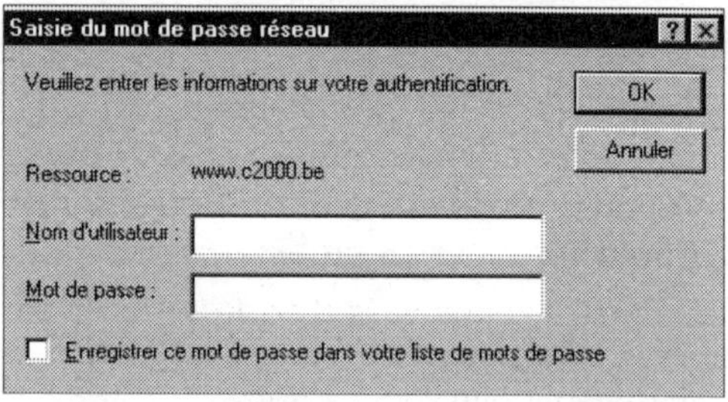

Solution

Si vous ne savez pas de quoi il s'agit, c'est que vous n'êtes pas autorisé à accéder à cette page ou à ce site.

Si vous avez un nom et un mot de passe pour entrer dans ce site ou cette page, c'est le moment de les taper.

Le problème

Vous avez cliqué dans une page et un message vous informe que la connexion est sécurisée.

Symptôme Le message suivant s'affiche :

Vous êtes sur le point de visualiser des pages au moyen d'une connexion sécurisée. Toute information que vous échangez avec ce site ne peut être vue par personne d'autre sur le Web.

Explication A partir de maintenant, toutes les données que vous fournirez (votre adresse, le numéro de votre carte de crédit, ...) seront codées avant d'être envoyées vers le site. Les pages sont sécurisées.

Solution

Cliquez sur le bouton *OK*.

Lorsqu'une page est sécurisée, un petit cadenas s'affiche dans la barre d'état de la fenêtre d'Internet Explorer.

Le problème

Vous avez cliqué dans une page et un message vous informe que la connexion n'est pas protégée.

Symptôme Le message suivant s'affiche :

La connexion que vous allez utiliser n'est pas protégée. Les autres utilisateurs du Web peuvent dorénavant accéder aux informations que vous envoyez.

Explication Vous passez d'une page sécurisée à une page non sécurisée. Les données que vous entrerez seront envoyées en clair vers le site. Elles pourront donc facilement être lues par d'autres. Notez qu'il faut quand même avoir quelques solides notions d'informatique pour intercepter les informations que vous envoyez. Mais tout est possible, sur Internet ... comme ailleurs.

Solution

- Cliquez sur le bouton *Oui*.

Si vous cliquez sur le bouton *Non*, vous ne quittez pas la page affichée.

Le problème **Un message surgit pour vous indiquer que le serveur veut créer un cookie.**

Symptôme Le message suivant est affiché :

Voulez-vous autoriser ce site Web à enregistrer des informations sur votre ordinateur afin de personnaliser votre navigation ? Le site veut vous envoyer un cookie qui sera copié sur votre disque dur.

Explication Un cookie est une information codée écrite par un site sur votre disque dur. Ces informations concernent souvent la date et l'heure de votre connexion, le nom du site, ... Notez que certains sites vous refuseront leur accès si vous n'acceptez pas leurs cookies.

Exemple de cookie
Nom du cookie : MC1
Contenu : FA4FBD94884111D281FD00805F773F1E

Solution

1. Si vous cliquez sur le bouton *Oui*, vous acceptez le cookie.

2. Si vous cliquez sur le bouton *Non*, le cookie ne sera pas copié sur votre disque.

Plusieurs options sont disponibles concernant les cookies.

- Cliquez sur le menu *Affichage* (au sommet de la fenêtre).
- Cliquez sur la commande *Options Internet*.
- Cliquez sur l'onglet *Avancées*.
- Cliquez sur la petite flèche vers le bas jusqu'à ce que vous voyiez *Cookies*.

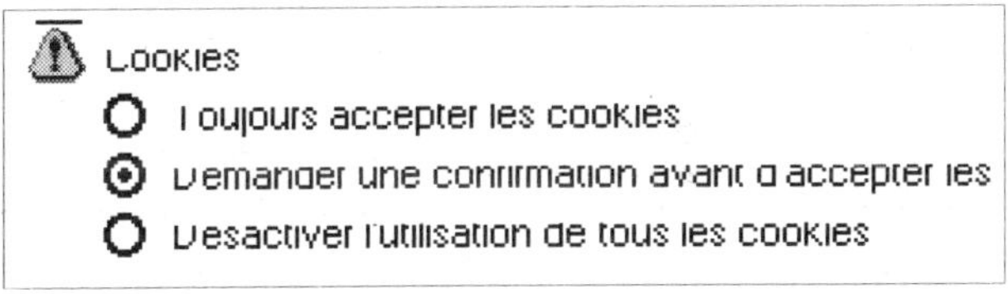

- Cliquez dans le rond blanc devant l'option de votre choix :
  - *Toujours accepter les cookies* : ils seront tous copiés sur votre disque dur sans jamais demander votre approbation.
  - *Demander une confirmation avant d'accepter un cookie* : un message vous informera à chaque cookie. Vous pourrez l'accepter ou le refuser.
  - *Désactiver l'utilisation de tous les cookies* : aucun cookie ne sera copié sur votre disque.

Le problème **Un message vous demande si vous voulez installer et exécuter un programme.**

Symptôme Le message suivant surgit :

Voulez-vous installer et exécuter (...) signé le (...) et distribué par (...) ?

Explication Le site a besoin d'un contrôle ActiveX pour afficher certains éléments ou exécuter une action particulière.

Il n'a pas trouvé ce contrôle ActiveX sur votre ordinateur et vous propose donc de le télécharger. Les contrôles ActiveX sont susceptibles de véhiculer des virus : c'est la raison pour laquelle votre approbation est requise.

Qu'est-ce qu'un contrôle ActiveX ?

C'est un programme complémentaire nécessaire pour visualiser ou exécuter certains éléments contenus dans les pages de certains sites Internet. Les contrôles ActiveX doivent être sur votre disque dur pour que vous puissiez voir ces pages.

Solution

- Cliquez sur le bouton *Oui* pour télécharger le contrôle ActiveX.

Le problème **Un message vous informe qu'une erreur est survenue sur le script de la page.**

Symptôme Le message suivant s'affiche :
Une erreur est survenue sur le script de cette page.

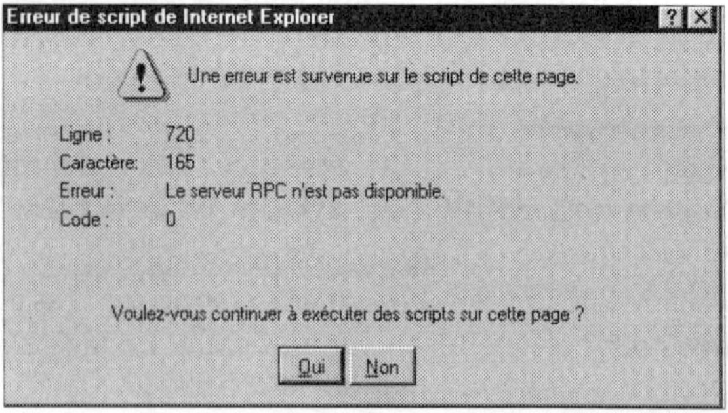

Explication La page contient un programme (le plus souvent javascript) dans lequel il y a une erreur.

Solution

1. Si vous cliquez sur le bouton *Oui*, les autres programmes de même type sur cette page seront exécutés.

2. Si vous cliquez sur le bouton *Non*, plus aucun programme de ce type ne sera exécuté sur cette page.

Votre réponse ne vaut que pour la page affichée. De toute manière, le programme erroné ne sera pas exécuté. Mais les autres éléments de la page seront quand même affichés.

Si ce genre de message ne vous intéresse pas, annulez leur apparition :

- Cliquez sur le menu *Affichage* (au sommet de la fenêtre).
- Cliquez sur la commande *Options Internet*.
- Cliquez sur l'onglet *Avancées*.
- Cliquez sur la case devant l'option *Désactiver le débogueur de scripts*.
- Cliquez sur le bouton *OK*.

Le problème **Un message vous informe que vous avez choisi de télécharger un fichier.**

Symptôme Vous avez cliqué sur un lien et un message s'affiche :

Vous avez choisi de télécharger un fichier à partir de cet emplacement. (...). Que voulez-vous faire de ce fichier ?

Explication Le lien sur lequel vous avez cliqué vous permet de télécharger un fichier. Le message vous propose de l'enregistrer sur votre disque.

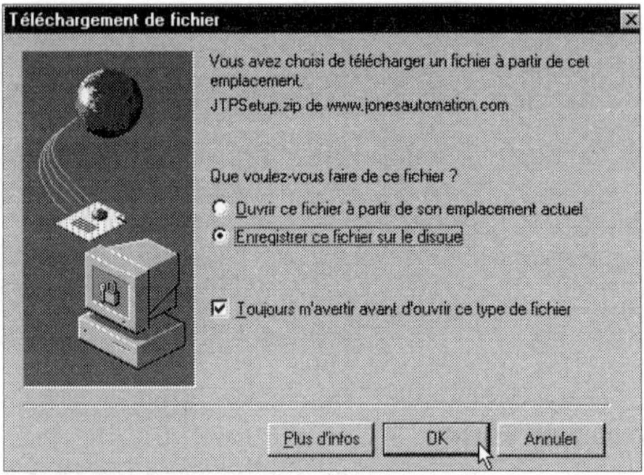

● Si vous voulez télécharger le fichier, cliquez sur le bouton *OK*. Sinon, cliquez sur le bouton *Annuler*.

● Après quelques secondes, la boîte de dialogue d'enregistrement s'ouvre.

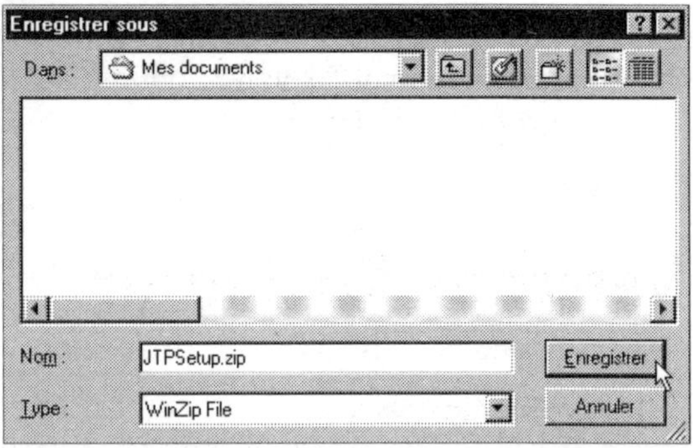

● Choisissez le dossier dans lequel vous voulez retrouver le fichier après son téléchargement. Voyez à la page 143.

● Mémorisez (ou notez) le nom du fichier et le dossier où vous l'enregistrez. Cliquez sur le bouton *Enregistrer*.

- Le téléchargement est en cours.

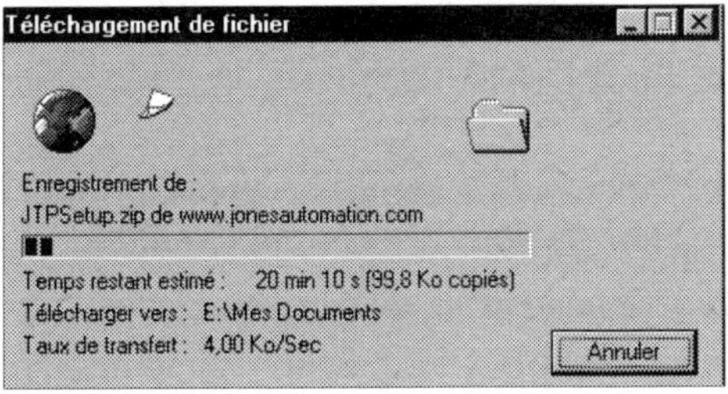

Le problème → **Les menus et la barre d'adresse ont disparu.**

Symptôme Internet Explorer est en mode *Plein écran*. Il ne reste rien de la fenêtre ni de la barre d'état; les menus ont disparu. Rien ne vous distrait d'Internet.

Solution

- Enfoncez la touche *F11* pour retrouver la fenêtre complète d'Internet Explorer.

Netscape Navigator

Le problème → **A la première utilisation de Netscape Navigator, une boîte de dialogue vous propose de créer un profil.**

Symptôme Ne refusez pas : il se fâcherait au point de ne pas vous laisser l'utiliser !

Solution

- Cliquez sur le bouton *Suivant*.
- Tapez votre nom dans la zone blanche sous *Nom entier*.
- Tapez votre adresse électronique dans la zone blanche sous *Adresse électronique*.
- Cliquez sur le bouton *Suivant*.
- Ne modifiez rien dans la boîte de dialogue.
- Cliquez sur le bouton *Suivant*.
- Tapez dans la troisième zone le nom du serveur de courrier sortant (SMTP). Son nom est dans les documents que vous a donnés votre fournisseur d'accès.

Les noms de serveurs SMTP se présentent souvent sous cette forme : mail.rocca.fr (ce n'est qu'un exemple).

- Cliquez sur le bouton *Suivant*.
- Tapez dans la deuxième zone blanche le nom du serveur de courrier entrant (POP3 ou IMAP). Son nom est dans les documents que vous a donnés votre fournisseur d'accès.

Les noms de serveurs POP3 se présentent souvent sous cette forme : pop.rocca.fr (ce n'est qu'un exemple).

- Cliquez devant *POP3* ou *IMAP* selon le type de serveur (l'information est encore une fois dans les documents de votre fournisseur d'accès).
- Cliquez sur le bouton *Suivant*.
- Dans la première zone blanche, tapez le nom du serveur de News (regardez encore une fois dans les documents de votre fournisseur d'accès).
- Cliquez sur le bouton *Terminer*.

Note

Un serveur SMTP réceptionne les messages que vous envoyez pour les expédier vers les destinataires.
Un serveur POP3 ou IMAP réceptionne les messages qui vous sont destinés et les tient à votre disposition.

Le problème **Au démarrage du logiciel, un message vous informe que Navigator n'est plus enregistré pour traiter les raccourcis Internet.**

Symptôme Vous démarrez Netscape et le message suivant s'affiche :

Navigator n'est plus enregistré pour traiter les raccourcis Internet. Souhaitez-vous enregistrer Navigator comme navigateur par défaut ?

Solution

1. Si vous cliquez sur le bouton *Oui*, lorsque vous cliquerez sur l'icône d'un raccourci vers un site Internet, c'est Netscape Navigator qui s'ouvrira et non pas Internet Explorer.

2. Si vous cliquez sur le bouton *Non*, lorsque vous cliquerez sur l'icône d'un raccourci vers un site Internet, c'est Internet Explorer qui s'ouvrira et non pas Netscape Navigator.

Le problème **Vous avez tapé l'adresse d'un site et un message vous informe que Netscape ne peut trouver le serveur.**

Symptôme Vous avez tapé l'adresse d'un site et vous avez enfoncé la touche *Entrée*. Après quelques instants, un message s'affiche :

Netscape ne peut trouver le serveur (...). Celui-ci ne possède pas d'entrée DNS. Vérifiez le nom du serveur et l'adresse

URL et essayez à nouveau.

Explication L'adresse que vous avez tapée ne correspond à aucun site ou il y a un problème de configuration dans votre système.

Solution

1. Cliquez sur le bouton *OK*. Contrôlez si l'orthographe du nom du site est correcte et si l'adresse est complète.

2. Si vous pouvez vous connecter à d'autres sites, c'est que le site que vous cherchez à visiter n'est pas disponible pour une raison technique qui ne dépend pas de vous mais de l'ordinateur où est installé le site ou du réseau Internet lui-même.

3. Contrôlez le nom du serveur Proxy.

- Cliquez sur le menu *Edition* (au sommet de la fenêtre).
- Cliquez sur la commande *Préférences*.
- Cliquez sur le petit signe + devant *Avancées*.
- Cliquez sur *Proxy*.
- Si l'option *Configuration manuelle du proxy* est active, cliquez sur le bouton *Afficher* et contrôlez si le nom du serveur Proxy et le numéro de port sont corrects (consultez les documents que vous a donnés votre fournisseur d'accès).

4. Contrôlez l'adresse du serveur DNS.

- Cliquez sur le bouton *Démarrer*.
- Posez le pointeur de la souris sur *Paramètres*.
- Cliquez sur *Panneau de configuration*.
- Cliquez deux fois sur l'icône *Réseau*.

- Cherchez TCP/IP dans la liste (en cliquant

sur la petite flèche vers le bas).

- Cliquez sur le bouton *Propriétés*.
- Cliquez sur l'onglet *Configuration DNS*.
- Consultez les documents de votre fournisseur d'accès. Voyez s'ils vous indiquent l'adresse d'un ou deux serveurs DNS ou s'ils vous informent qu'il ne faut indiquer aucun serveur DNS.
- Si vous ne devez indiquer aucun serveur DNS, l'option *Désactiver DNS* doit être active (le rond blanc devant l'option doit être noirci).
- Si vous devez indiquer un ou deux serveurs DNS, le rond blanc devant *Activer DNS* doit être noirci. Cliquez dedans si ce n'est pas le cas.
- Complétez les zones *Hôte* et *Domaine* selon les indications de votre fournisseur d'accès. S'il ne donne aucune information pour ces deux zones, entrez n'importe quoi.

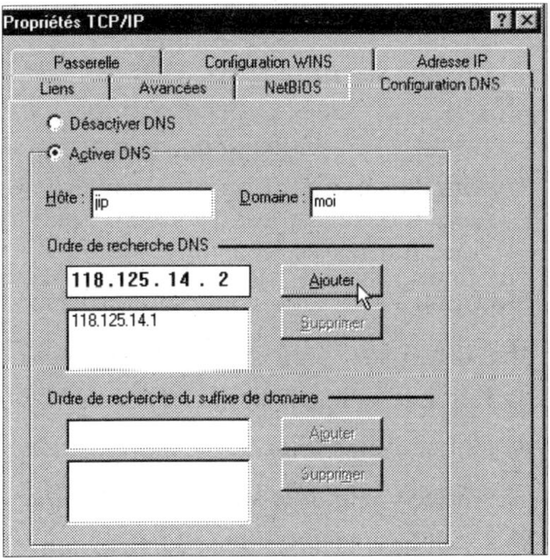

- Tapez l'adresse du premier serveur DNS dans la zone sous l'indication *Ordre de recherche DNS*. Respectez bien l'emplacement des points. Cliquez sur *Ajouter*.
- Faites de même pour la deuxième adresse.
- Cliquez sur le bouton *OK* deux fois.

Le problème **Vous êtes connecté mais vous ne pouvez atteindre aucun site.**

Voyez à partir de la page 148.

Le problème **Les pages Web s'affichent normalement mais les images n'apparaissent pas.**

Explication L'option de chargement des images est désactivée.

Solution

- Cliquez sur le menu *Edition* (au sommet de la fenêtre).
- Cliquez sur la commande *Préférences*.
- Cliquez sur *Avancées*.
- Cliquez dans la case blanche devant l'option *Charger les images automatiquement*.
- Cliquez sur le bouton *OK*.

Note

Une page Web sans images c'est plus rapide mais c'est triste.

Le problème **Quelques images n'apparaissent pas.**

Symptôme Sur la page que vous voyez à l'écran, plusieurs images apparaissent mais quelques-unes ne s'affichent pas.

Vous ne voyez que leur cadre avec un petit point d'interrogation dans le coin supérieur gauche.

Explication Soit le système manque de mémoire pour afficher toutes les images, soit l'auteur de la page a fait une erreur.

Solution

1. Essayez de fermer quelques applications. Eventuellement fermez et ouvrez à nouveau Internet Explorer.

2. Si les mêmes images n'apparaissent toujours pas, envoyez un message électronique à l'auteur de la page pour l'informer du problème.

Le problème **La page en cours est incomplète.**

Symptôme Le texte n'est pas affiché jusqu'au bout, certaines images sont partiellement visibles.

Solution

1. La connexion avec le site est spécialement lente. Essayez de recharger la page en cliquant sur le bouton *Recharger*.

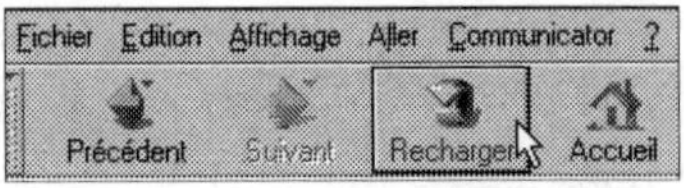

2. Rechargez la page avec la méthode suivante :

- Cliquez dans la zone blanche où est indiquée l'adresse du site.
- Enfoncez la touche *Maj* (sur le clavier) et gardez-la enfoncée pendant que vous tapez sur la touche *Entrée*.

3. Abandonnez provisoirement et retournez plus tard sur ce site : vous aurez peut-être plus de chance.

4. Contrôlez également si Java et Javascript sont bien activés.

- Cliquez sur le menu *Edition* (au sommet de la fenêtre).
- Cliquez sur la commande *Préférences*.
- Cliquez sur *Avancées*.
- Contrôlez que les options *Activer Java* et *Activer Javascript* sont bien actives. Une petite croix doit figurer dans la case blanche à leur gauche.

Note

Java et Javascript permettent aux créateurs de sites Internet d'ajouter des éléments et des actions à leurs pages. Si Java et Javascript ne sont pas activés pour votre navigateur, vous ne bénéficierez pas de ces ajouts et vous ne pourrez pas bénéficier de tous les éléments du site.

Le problème **Un message vous informe qu'une erreur de réseau est survenue.**

Symptôme Le message suivant s'affiche :
Une erreur de réseau est survenue pendant que Netscape recevait des données. (Erreur réseau: Connexion remise à zéro par le partenaire).

Explication Le partenaire, c'est-à-dire le site sur lequel vous êtes connecté, a interrompu la connexion. Il ne vous envoie plus de données.

Solution

Vous n'avez rien d'autre à faire que cliquer sur *OK* et ensuite sur le bouton *Recharger*.

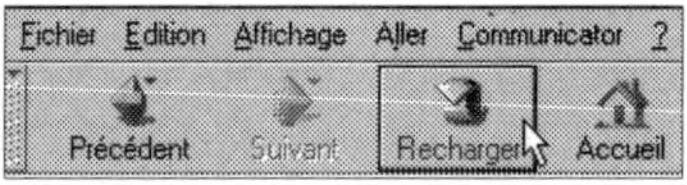

Le problème **En arrivant sur un site ou en ouvrant une page Web, un mot de passe vous est demandé.**

Symptôme Une boîte de dialogue s'ouvre pour que vous tapiez votre nom et votre mot de passe.

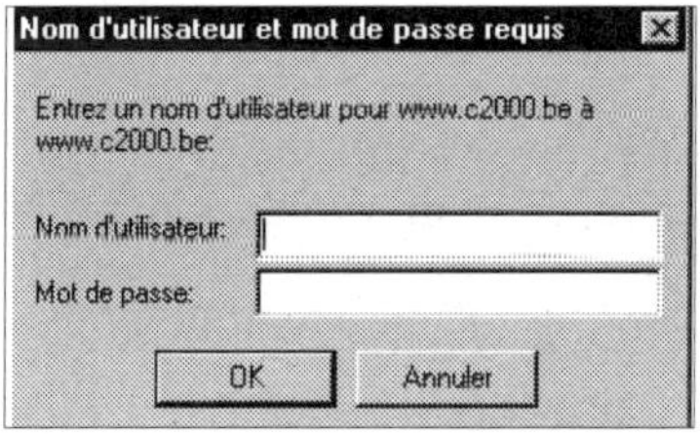

Solution

Si vous ne savez pas de quoi il s'agit, c'est que vous n'êtes pas autorisé à accéder à cette page ou à ce site.

Si vous avez un nom et un mot de passe pour entrer dans ce site ou cette page, c'est le moment de les taper.

Le problème **Vous avez cliqué dans une page et un message vous informe que les informations ne sont pas protégées.**

Symptôme Le message suivant est affiché :

Toute information soumise est non protégée et peut éventuellement être lue par un tiers pendant le transfert. ...

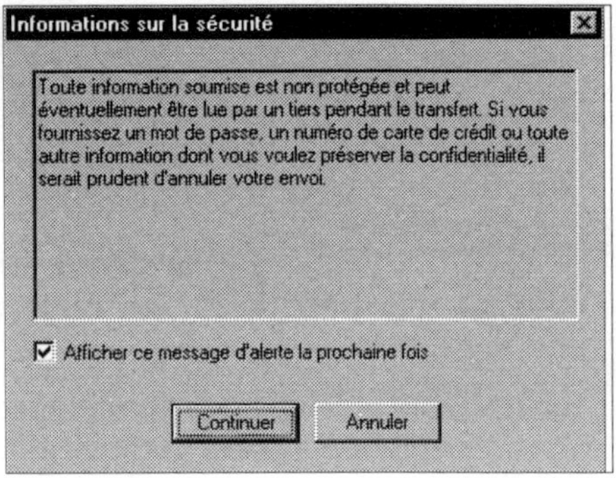

Explication Si vous avez complété une page pour fournir des informations, celles-ci seront transmises au site en clair (non codées). N'importe qui pourrait les lire. Notez qu'il faut quand même quelques bonnes notions d'informatique pour y parvenir.

Solution

- Cliquez sur le bouton *Continuer*.

Le problème

Vous avez cliqué dans une page et un message vous informe que vous avez demandé un document protégé.

Symptôme Le message suivant est affiché :

Vous avez demandé un document protégé. Celui-ci et toutes les informations envoyées sont chiffrés pour assurer leur confidentialité pendant le transfert.

Explication Les données contenues sur cette page seront codées avant d'être envoyées sur le site. Cela vous permet de transmettre un numéro de carte bleue en minimisant les risques d'interception.

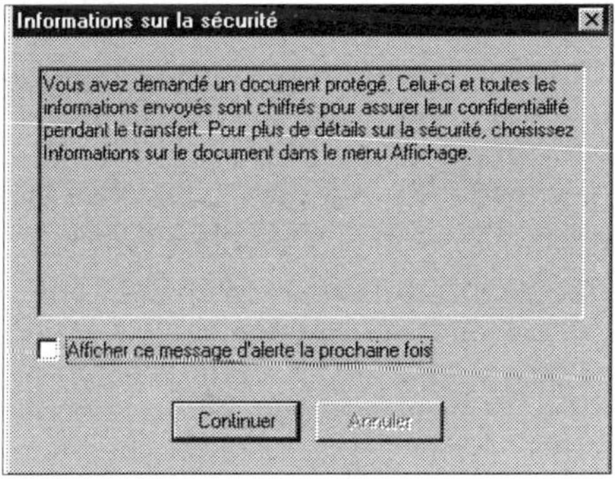

Solution

- Cliquez sur le bouton *Continuer*.

Lorsqu'une page est sécurisée, un petit cadenas s'affiche dans la barre d'état de la fenêtre de Netscape Navigator.

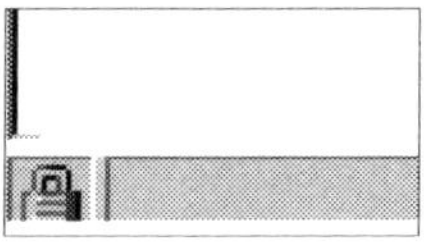

Le problème **Un message surgit pour vous indiquer que le serveur veut créer un cookie.**

Symptôme Le message suivant est affiché :

Le serveur (...) souhaite définir un cookie qui sera envoyé à n'importe quel serveur dans le domaine (...).

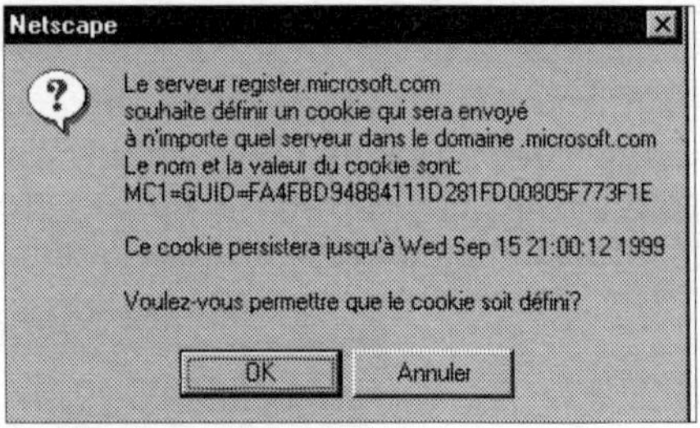

Explication Le site veut vous envoyer un cookie qui sera copié sur votre disque dur.

Qu'est-ce qu'un cookie ?

C'est une information codée écrite par un site sur votre disque dur. Ces informations concernent souvent la date et l'heure de votre connexion, le nom du site, ... Notez que certains sites vous refuseront leur accès si vous n'acceptez pas leurs cookies.

Exemple de cookie

Nom du cookie : MC1

Contenu : FA4FBD94884111D281FD00805F773F1E

Symptôme

1. Si vous cliquez sur le bouton *Oui*, vous acceptez le cookie.

2. Si vous cliquez sur le bouton *Non*, le cookie ne sera pas copié sur votre disque.

Plusieurs options sont disponibles concernant les cookies. Vous les trouverez dans les Préférences .

- Cliquez sur le menu *Edition* (au sommet de la fenêtre).
- Cliquez sur la commande *Préférences.*
- Cliquez sur la catégorie *Avancées.*

A droite, vous trouverez les options relatives aux cookies.

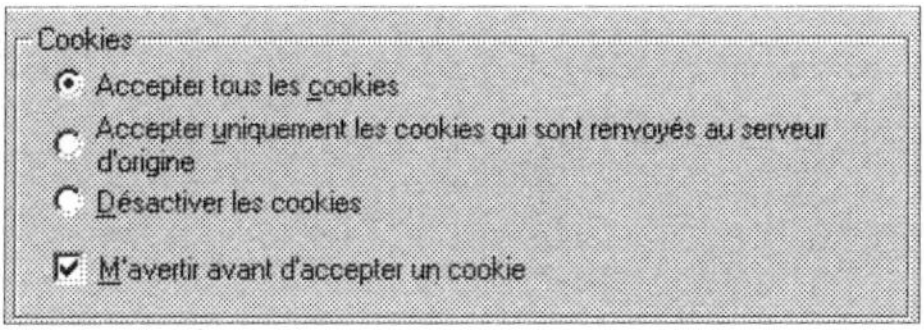

Cliquez dans le rond blanc devant l'option de votre choix.

- *Accepter tous les cookies* : ils seront tous copiés sur votre disque dur.
- *Accepter uniquement les cookies qui sont renvoyés au serveur d'origine* : seuls sont acceptés les cookies qui seront lus par le site qui vous les envoie. En effet, certains cookies publicitaires sont envoyés par un annonceur sur un site et sont récupérés plus tard par cet annonceur. Dans ce cas, le site qui envoie les cookies n'est pas le même que celui qui les récupère.
- *Désactiver les cookies* : aucun cookie ne sera copié sur votre disque.
- *M'avertir avant d'accepter un cookie* : si vous avez choisi l'une des deux premières options, un message vous informera à chaque cookie.

Le problème **Un message affiche Javascript Error.**

Symptôme La page contient un programme (Javascript) dans lequel il y a une erreur.

Solution

- Cliquez sur le bouton *OK*. Vous n'avez d'ailleurs pas le choix.

Cela n'empêchera pas la page de s'afficher mais le programme contenant l'erreur n'agira pas.

Le problème **Un message vous informe que vous avez choisi de télécharger un fichier.**

Symptôme Vous avez cliqué sur un lien et un message s'affiche :

Lorsque vous téléchargez un fichier à partir du réseau, des problèmes de sécurité peuvent se poser. Un tel fichier peut contenir un code programme mal intentionné pouvant endommager votre ordinateur ou altérer les données qu'il contient.

Explication Pas d'affolement : ce message est exagérément paranoïaque. On n'a jamais vu un fichier quelconque endommager un ordinateur. Par contre, si le fichier contient un virus, il peut effectivement endommager vos données et votre système.

Solution

Le lien sur lequel vous avez cliqué vous permet de télécharger un fichier. Le message vous propose de l'enregistrer sur votre disque.

- Si vous voulez télécharger le fichier, cliquez sur le bouton *OK*. Sinon, cliquez sur le bouton *Annuler*.

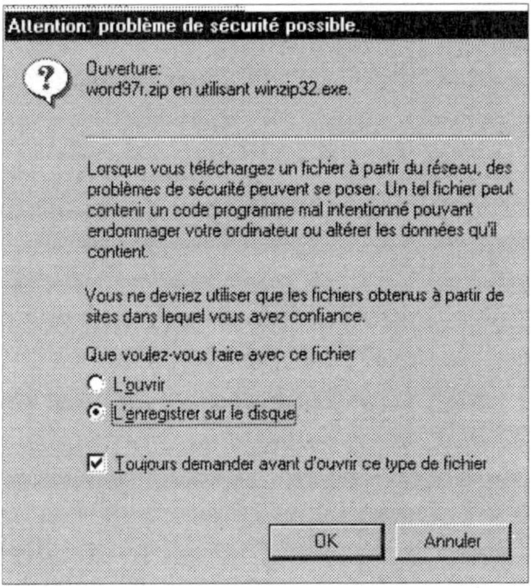

- Après quelques secondes, la boîte de dialogue d'enregistrement s'ouvre.

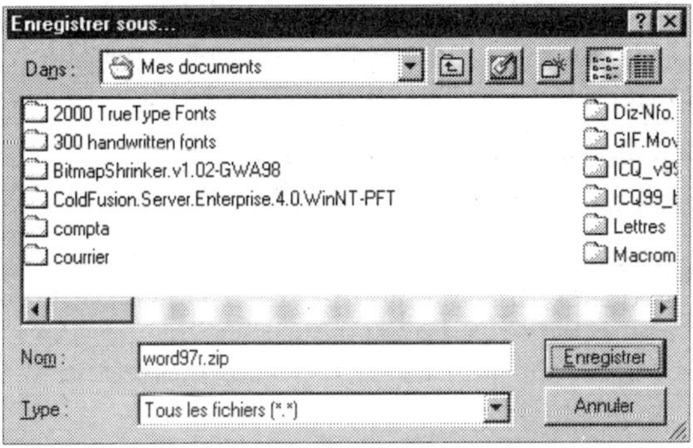

- Choisissez le dossier dans lequel vous voulez retrouver le fichier après son téléchargement. Voyez à la page 143.
- Mémorisez (ou notez) le nom du fichier et le dossier où vous l'enregistrez. Cliquez sur le bouton *Enregistrer*.

- Le téléchargement est en cours.

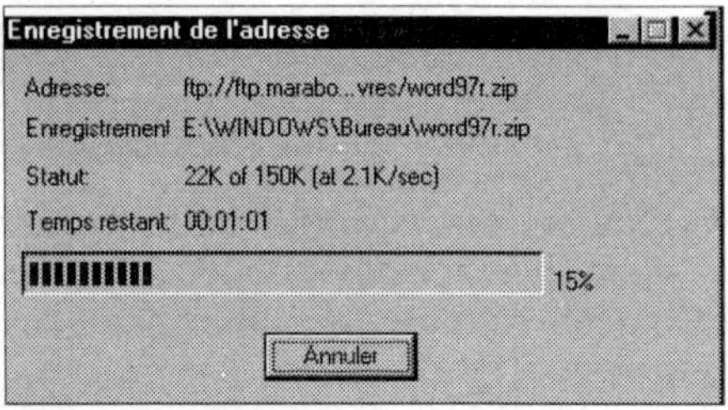

Les fichiers téléchargés.

Le problème **Vous avez téléchargé un fichier. Où est-il ?**

Solution

Là où vous avez demandé qu'il soit enregistré !

Si vous ne le retrouvez pas cela ne vous aide pas beaucoup. Il faut demander à Windows de le rechercher.

- Cliquez sur le bouton *Démarrer*.
- Posez le pointeur de la souris sur *Rechercher*.
- Cliquez sur *Fichiers ou dossiers*.
- La fenêtre de recherche s'ouvre.
- Cliquez dans la zone à droite de *Nommé*.
- Tapez le nom du document que vous recherchez (ou seulement une partie du nom).
- Cliquez sur la petite flèche à l'extrémité de la zone située à droite de *Rechercher dans*.

- Cliquez sur *Poste de travail* pour que la recherche soit effectuée sur tous les disques de votre système.
- Cliquez sur le bouton *Rechercher maintenant.*

- Examinez la liste des fichiers trouvés : celui que vous cherchez devrait y être. Glissez son icône sur le bureau ou dans un dossier plus adéquat.
- Si vous ne vous souvenez plus de son nom, vous vous souvenez peut-être du jour où vous l'avez téléchargé.

Vous avez Windows 98 ...

- Cliquez sur l'onglet *Date*.
- Cliquez sur la petite flèche à l'extrémité de la zone située à droite de *Rechercher tous les fichiers*.
- Cliquez sur *Créés*.
- Cliquez sur le petit rond blanc devant l'option *Entre le* pour l'activer.
- Tapez les deux dates entre lesquelles vous avez téléchargé le fichier.
- Cliquez sur le bouton *Rechercher maintenant.*

Vous avez Windows 95 ...

- Cliquez sur l'onglet *Date de la modification*.
- Cliquez sur le petit rond blanc devant d'option *Rechercher tous les fichiers créés ou modifiés* pour l'activer.
- Cliquez sur le petit rond blanc devant l'option *Entre le* pour l'activer.
- Tapez les deux dates entre lesquelles vous avez téléchargé le fichier.
- Cliquez sur le bouton *Rechercher maintenant.*

Le problème

Comment installer Winzip ?

Explication Winzip n'est pas fourni avec Windows. Il faut vous le procurer par un autre moyen. Il est en général disponible sur les CD fournis avec la plupart des revues d'informatique.

Sinon, vous le trouverez sur Internet à l'adresse suivante : http://www.winzip.com. Cliquez sur *Download Evaluation Version*. Attention : il a une taille de quasiment 1 Mo.

Lorsque vous l'aurez téléchargé, le fichier *winzip??.exe* sera sur votre disque dur (les deux points d'interrogation remplacent les chiffres correspondant à la version qui sera disponible : *winzip70.exe* par exemple).

- Cliquez deux fois sur son icône.
- Cliquez sur le bouton *Setup*.
- Après l'installation, redémarrez l'ordinateur.

Le problème

Comment installer un fichier téléchargé ?

Symptôme En général, les fichiers téléchargés sont "zippés", c'est-à-dire compressés. Ils ne sont donc pas utilisables tels quels.

Explication Un fichier zippé est un fichier compressé avec le programme Winzip. Sa taille est plus petite sans qu'il perde rien de son contenu. La durée de téléchargement est donc réduite. Une fois le fichier téléchargé, il faut le "dézipper", c'est-à-dire le décompresser pour retrouver le fichier d'origine. En général, un fichier zippé contient plusieurs fichiers et donc, en le "dézippant", on extrait tous les fichiers.

Vous pourrez utiliser Winzip vous-même pour compresser les fichiers que vous enverrez par courrier électronique.

Où trouver et comment installer Winzip ? Voyez à la page 284.

Solution

- Cliquez avec le bouton droit de la souris sur l'icône du fichier que vous avez téléchargé.

Si vous ne voyez pas la commande *Extract to ...*

- Cliquez hors du menu pour le faire disparaître.
- Cliquez deux fois sur l'icône du fichier : la procédure d'installation commence.

Si vous voyez la commande *Extract to ...*

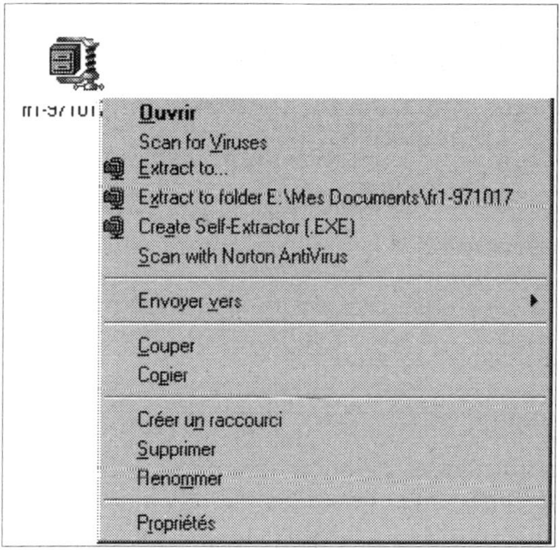

- Cliquez sur *Extract to folder (...)*
- Un sous-dossier sera créé dans le dossier où vous

vous trouvez, sous le même nom que le fichier zippé.

Par exemple: si le fichier zippé est nommé fr1-971017.zip, le sous-dossier sera nommé fr1-971017.

Il contiendra tous les fichiers qui étaient contenus dans le fichier zippé mais décompressés et prêts à l'utilisation.

- Si le fichier zippé contenait des documents, ouvrez le sous-dossier : ils sont prêts à être ouverts.
- Si le fichier zippé contenait un programme, ouvrez le sous-dossier : il est prêt à être installé.
- Pour installer le programme, cliquez deux fois sur l'icône d'un fichier nommé *Setup*, *Install* ou *Installation*.
- Si, lors de l'installation, un message vous demande si un fichier existant doit être remplacé, refusez. Il vaut toujours mieux conserver les fichiers d'origine.

Le problème **En dézippant un fichier, un message d'erreur apparaît.**

Symptôme Vous dézippez un fichier et le message suivant s'affiche :

Cannot open file: it does not appear to be a valid archive. If you downloaded this file, try downloading the file again.

Explication Le fichier zip n'a pas été téléchargé correctement. Téléchargez-le à nouveau.

Le courrier électronique

Le problème

Quand vous tapez votre message, les caractères derrière le point d'insertion s'effacent au fur et à mesure de la frappe.

Solution

Enfoncez la touche *Ins* sur le clavier pour que les caractères que vous tapez s'insèrent dans le texte existant au lieu de l'effacer petit à petit.

Le problème

Comment zipper un fichier ?

Explication Un fichier zippé occupe moins de place que l'original.

Solution

- Il faut premièrement que Winzip soit installé. Voyez à la page 284.
- Commencez par ouvrir le dossier où se trouve(nt) le(s) fichier(s) à zipper.
- Cliquez deux fois sur l'icône du Poste de travail.

- Cliquez deux fois sur l'icône du disque dur où se trouve le dossier contenant le(s) fichier(s).

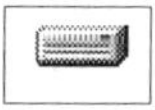

- Cliquez deux fois sur les icônes de dossiers pour atteindre celui que vous désirez.
- Cliquez avec le bouton droit de la souris sur le fond de la fenêtre.
- Cliquez sur la commande *Nouveau*.

- Cliquez sur *Winzip File*.
- Tapez le nom que vous voulez pour ce fichier.
- Faites glisser sur l'icône du fichier zip tous les fichiers à envoyer avec le message.

Le problème **Comment joindre un fichier à un message ?**

Explication Comment envoyer par courrier électronique des fichiers, des documents, zippés au préalable ?

Solution

Outlook et Outlook Express

- Créez un nouveau message en cliquant sur le bouton *Nouveau message*.
- Cliquez sur le menu *Insertion*.
- Cliquez sur la commande *Fichier*.
- Recherchez le fichier zippé. Voyez à la page 152.
- Cliquez sur le bouton *OK*.
- Complétez le reste du message comme d'habitude.

Netscape Messenger

- Créez un nouveau message en cliquant sur le bouton *Nouveau Msg*.

- Cliquez sur le bouton *Joindre*.
- Cliquez sur la commande *Fichier*.
- Recherchez le fichier zippé. Voyez à la page 152.
- Cliquez sur le bouton *Ouvrir*.
- Complétez le reste du message comme d'habitude.

Eudora Pro

- Créez un nouveau message en cliquant sur le bouton *Nouveau Message*. 
- Cliquez sur le menu *Message*.
- Cliquez sur la commande *Joindre un fichier*.
- Recherchez le fichier zippé. Voyez à la page 152.
- Cliquez sur le bouton *Ouvrir*.

Note

Veillez à ce que votre message ne dépasse pas la taille de 2 Mo. Certains serveurs refusent les messages dépassant cette taille.

Le problème **Comment récupérer les fichiers attachés à un message ?**

Solution

Outlook et Outlook Express

Pour indiquer qu'un fichier est attaché, un petit attache trombone est affiché dans la liste des messages à gauche du nom de l'expéditeur. En plus, un grand attache trombone est affiché dans le volet du contenu des messages, en haut à droite.

- Cliquez sur le menu *Fichier* (au sommet de la fenêtre).
- Cliquez sur la commande *Enregistrer les pièces jointes*.
- Cliquez sur *Toutes les pièces jointes*.
- Enregistrez les fichiers dans le dossier de votre choix. Voyez à la page 143.

Netscape Messenger

A droite de l'objet du message, un petit bouton indique que des fichiers sont attachés au message. 

- Cliquez sur ce petit bouton.
- Un volet s'ouvre au bas du message.
- Cliquez avec le bouton droit de la souris sur un des fichiers.
- Cliquez sur *Enregistrer sous* pour extraire le fichier et l'enregistrer dans le dossier de votre choix. Voyez à la page 143.

Eudora Pro

Pour indiquer qu'un fichier est attaché, un petit attache trombone est affiché dans la liste des messages à gauche du nom de l'expéditeur.

- Tout en bas, dans le volet du contenu du message, se trouvent le nom du fichier et son icône. Cliquez dessus pour l'ouvrir et ensuite l'enregistrer par l'intermédiaire de l'application qui l'a ouvert.

Le problème **Vous voulez envoyer des messages mais ils ne partent pas.**

Symptôme Vous êtes connecté et vous exécutez la commande d'envoi des fichiers mais ils restent dans le dossier des messages en partance (la boîte d'envoi ou Outbox).

Eventuellement un message vous informe que le serveur SMTP ou que l'hôte ne peut pas être trouvé.

Note

Le serveur SMTP se charge de l'expédition des messages que vous envoyez.

Solution

1. Contrôlez le nom du serveur SMTP dans votre logiciel de messagerie. Les données sont dans les documents de votre fournisseur d'accès.

Outlook et Outlook Express

- Cliquez sur le menu *Outils* (au sommet de la fenêtre).
- Cliquez sur la commande *Comptes.*
- Cliquez sur le nom de votre compte de courrier.
- Cliquez sur le bouton *Propriétés.*
- Cliquez sur l'onglet *Serveur.*
- Contrôlez le nom du serveur dans la zone blanche à droite de *Courrier sortant (SMTP).*
- Cliquez sur le bouton *OK.*
- Cliquez sur le bouton *Fermer.*

Netscape Messenger

- Cliquez sur le menu *Edition* (au sommet de la fenêtre).
- Cliquez sur la commande *Préférences.*
- Cliquez sur le petit + devant *Courrier & forums.*
- Contrôlez le nom du serveur dans la zone blanche à droite de *Serveur de courrier sortant (SMTP).*
- Cliquez sur le bouton *OK.*

Eudora Pro

- Cliquez sur le menu *Outils* (au sommet de la fenêtre).
- Cliquez sur la commande *Options.*
- Cliquez sur la catégorie *Envoi de messages.*
- Contrôlez le nom du serveur dans la zone blanche sous *Serveur SMTP.*

- Cliquez sur le bouton *OK*.

2. Si le nom du serveur est correct, il est possible que le serveur SMTP soit momentanément hors service. Essayez à nouveau plus tard.

Le problème **Vous ne pouvez pas récupérer vos messages.**

Symptôme Vous exécutez la commande pour retirer vos messages, mais ils ne vous parviennent pas.

Eventuellement un message vous informe que l'hôte ou le serveur ne peut pas être trouvé.

Note

Le serveur POP3 ou IMAP reçoit et stocke les messages qui vous sont envoyés. Votre logiciel de messagerie récupère sur ce serveur les messages en attente.

Solution

1. Vous n'avez peut-être pas de messages en attente.

2. Contrôlez le nom du serveur POP3 ou IMAP dans la configuration de votre logiciel de messagerie. Ce nom est dans les documents que vous a donnés votre fournisseur d'accès.

Outlook et Outlook Express

- Cliquez sur le menu *Outils* (au sommet de la fenêtre).
- Cliquez sur la commande *Comptes*.
- Cliquez sur le nom de votre compte de courrier.
- Cliquez sur le bouton *Propriétés*.
- Cliquez sur l'onglet *Serveur*.
- Contrôlez le nom du serveur dans la zone blanche à droite de *Courrier entrant (POP3)*.

- Cliquez sur le bouton *OK*.
- Cliquez sur le bouton *Fermer*.

Netscape Messenger

- Cliquez sur le menu *Edition* (au sommet de la fenêtre).
- Cliquez sur la commande *Préférences*.
- Cliquez sur le petit + devant *Courrier & forums*.
- Contrôlez le nom du serveur dans la zone blanche à droite de *Serveur de courrier entrant*.
- Cliquez sur le bouton *OK*.

Eudora Pro

- Cliquez sur le menu *Outils* (au sommet de la fenêtre).
- Cliquez sur la commande *Options*.
- Cliquez sur la catégorie *Vérification du courrier*.
- Contrôlez le nom du serveur dans la zone blanche sous *Serveur de courrier*.
- Cliquez sur le bouton *OK*.

3. Si le nom du serveur est correct, il est possible que le serveur POP3 soit momentanément hors service. Essayez à nouveau plus tard.

Le problème **Le serveur de messagerie refuse votre mot de passe.**

Symptôme Vous voulez retirer vos messages mais le serveur de messagerie refuse votre mot de passe.

La boîte de dialogue pour l'introduction de votre mot de passe s'ouvre continuellement ou un message vous informe que le mot de passe est incorrect.

Solution

Contrôlez votre nom et votre mot de passe dans les documents de votre fournisseur d'accès.

Attention

Dans le nom d'utilisateur et dans le mot de passe, chaque caractère a son importance. Respectez bien les majuscules et minuscules et n'oubliez pas les caractères spéciaux.

Le problème **Un message revient avec une erreur.**

Symptôme Vous avez envoyé un message et vous recevez en retour un message dont l'objet (le sujet) mentionne une erreur. L'erreur est parfois incluse dans le texte même du message.

User unknown

Erreur avant le @. Le nom du destinataire est inconnu. Si vous n'avez pas la bonne adresse, téléphonez-lui et demandez-lui de vous envoyer un message. L'adresse de l'expéditeur est automatiquement incluse dans chaque message.

Unknown Domain, *Host unknown*, *Domain unresolvable*

Erreur à droite de @. Le nom du serveur de destination est inconnu. Vous avez fait une faute de frappe ou l'adresse qu'on vous a donnée n'est pas correcte. Téléphonez au destinataire et demandez-lui de vous envoyer un message.

Connect Time Out, *Network unreachable*, *Connected refused*

Le serveur de destination ne répond pas. Réessayez plus tard.

Delivery failure, Mailer error, Transient failure
Le serveur POP de votre destinataire a des problèmes de configuration. Réessayez plus tard.

Mailbox full
La boîte aux lettres de votre destinataire est prête à exploser car il ne la consulte pas. Patientez et renvoyez plus tard votre message. Mais il vaut probablement mieux lui téléphoner.

Warning
Ce n'est pas un message d'erreur mais, le plus souvent, il s'agit d'un message vous informant que le serveur de messagerie de votre correspondant est momentanément hors service. Souvent, une explication est ajoutée dans le message : Cannot send message for last 4 hours. Votre serveur SMTP va essayer d'envoyer ce message toutes les heures pendant quelques jours.

Les adresses de courrier électronique présentent toujours les caractéristiques suivantes :

<Nom d'utilisateur>@<nom de serveur>

Le nom de serveur ne contient pas de blanc ni de caractères accentués et comprend toujours au minimum un point. Les majuscules et minuscules sont sans importance.

Le nom d'utilisateur ne contient pas de blanc ni de caractères accentués et peut contenir un point (mais ce n'est pas obligatoire). Les majuscules et minuscules sont sans importance.

Adresses correctes :
jean.pierre@france.net
jean@france.tm.fr
jean_pierre@france.net

Adresses non valides :
Jean pierre@France.net (l'espace est interdit dans le nom de l'utilisateur).
jean.pierre@ (le nom de domaine manque).
jean.pierre@france (le nom du serveur est incomplet).

Le problème

Certains messages que vous recevez (ou que vous envoyez) contiennent des caractères "bizarres".

Symptôme Le texte de certains messages contient des caractères "bizarres" qui peuvent le rendre parfois difficilement lisible.

Solution

Si vous recevez ce genre de message, contactez votre correspondant pour lui demander d'essayer d'y remédier. Si, par contre, ce sont vos correspondants qui reçoivent de votre part ce type de message, ce sera à vous d'essayer de modifier les paramètres de votre messagerie.

Les lettres accentuées sont remplacées par d'autres. Par exemple, les "é" sont remplacés par des "i".

Si seulement quelques correspondants reçoivent ces erreurs, il faut éviter de taper des caractères accentués dans les messages envoyés.

Si tous les messages envoyés sont reçus avec ces erreurs, il faut attribuer aux messages le format MIME "Quoted Printable".

Outlook 98

- Cliquez sur le menu *Outils* (au sommet de la fenêtre).
- Cliquez sur la commande *Options*.
- Cliquez sur l'onglet *Format du courrier*.

- Cliquez sur la petite flèche à l'extrémité de la zone située à droite de *Envoyer dans ce format.*
- Cliquez sur *Texte brut.*
- Cliquez sur le bouton *Paramètres.*
- Cliquez sur le rond blanc devant l'option *MIME* pour la valider.
- Cliquez sur la petite flèche à l'extrémité de la zone située à droite de *Coder le texte en utilisant.*
- Cliquez sur *Quoted Printable.*
- Cliquez sur le bouton *OK* deux fois.

Outlook Express

- Cliquez sur le menu *Outils* (au sommet de la fenêtre).
- Cliquez sur la commande *Options.*
- Cliquez sur l'onglet *Envoyer.*
- Cliquez sur le rond blanc devant l'option *Texte brut* pour l'activer.
- Cliquez sur le bouton *Paramètres.*
- Cliquez sur le rond blanc devant l'option *MIME* pour la valider.
- Cliquez sur la petite flèche à l'extrémité de la zone située à droite de *Coder le texte en utilisant.*
- Cliquez sur *Quoted Printable.*
- Cliquez sur le bouton *OK* deux fois.

Outlook 97

- Cliquez sur le menu *Outils* (au sommet de la fenêtre).
- Cliquez sur la commande *Options.*
- Cliquez sur l'onglet *Messagerie Internet.*

- Cliquez sur le rond blanc devant l'option *MIME*.

Eudora Pro

- Cliquez sur le menu *Outils* (au sommet de la fenêtre).
- Cliquez sur la commande *Options*.
- Cliquez sur la catégorie *Envoi de message*.
- Cliquez sur la petite case devant l'option *Quoted Printable* pour l'activer.
- Cliquez sur le bouton *OK*.

Si les messages sont truffés de "=E7" et autres caractères semblables ou si les accents ne passent toujours pas malgré la modification des paramètres, essayez d'autres codages.

Outlook 98

- Cliquez sur le menu *Outils* (au sommet de la fenêtre).
- Cliquez sur la commande *Options*.
- Cliquez sur l'onglet *Format du courrier*.
- Cliquez sur la petite flèche à l'extrémité de la zone située à droite de *Envoyer dans ce format*.
- Cliquez sur *Texte brut*.
- Cliquez sur le bouton *Paramètres*.
- Cliquez sur le rond blanc devant l'option *MIME* pour la valider.
- Cliquez sur la petite flèche à l'extrémité de la zone située à droite de *Coder le texte en utilisant*.
- Cliquez sur *Base64*.
- Cliquez sur le bouton *OK* deux fois.

Outlook 97

- Cliquez sur le menu *Outils* (au sommet de la fenêtre).
- Cliquez sur la commande *Options*.
- Cliquez sur l'onglet *Messagerie Internet*.
- Cliquez sur le rond blanc devant l'option *MIME*.
- Cliquez sur la petite flèche à l'extrémité de la zone située à droite de *Jeu de caractères*.
- Cliquez sur *ISO 8959-1*.
- Cliquez sur le bouton *OK*.

Outlook Express

- Cliquez sur le menu *Outils* (au sommet de la fenêtre).
- Cliquez sur la commande *Options*.
- Cliquez sur l'onglet *Envoyer*.
- Cliquez sur le rond blanc devant l'option *Texte brut* pour l'activer.
- Cliquez sur le bouton *Paramètres*.
- Cliquez sur le rond blanc devant l'option *MIME* pour la valider.
- Cliquez sur la petite flèche à l'extrémité de la zone située à droite de *Coder le texte en utilisant*.
- Cliquez sur *Base64*.
- Cliquez sur le bouton *OK* deux fois.

Note

Les problèmes d'accents sont toujours résolus si vous ne tapez aucun caractère accentué dans vos messages. Le texte est moins lisible sans accent mais quand même plus facile à lire que si les caractères accentués sont remplacés par un code ou une autre lettre.

Le message contient des codes HTML (ces codes servent à programmer les pages Web).

Par exemple

<BODY bgColor=#ffffff><B>De:</B>jean-paul mesters
<B>Enoyé:</B>mardi 1 dé cembre 1998
<B>À:</B> Julien

Tous les programmes de messagerie ne peuvent pas interpréter ces codes : ils les affichent tels quels, ce qui rend le message quasiment illisible.

Il vaut mieux envoyer les messages en texte simple.

Outlook 98

- Cliquez sur le menu *Outils* (au sommet de la fenêtre).
- Cliquez sur la commande *Options*.
- Cliquez sur l'onglet *Format du courrier*.
- Cliquez sur la petite flèche à l'extrémité de la zone située à droite de *Envoyer dans ce format*.
- Cliquez sur *Texte brut*.
- Cliquez sur le bouton *OK* deux fois.

Outlook Express

- Cliquez sur le menu *Outils* (au sommet de la fenêtre).
- Cliquez sur la commande *Options*.
- Cliquez sur l'onglet *Envoyer*.
- Cliquez sur le rond blanc devant l'option *Texte brut* pour l'activer.
- Cliquez sur le bouton *OK*.

Eudora Pro

- Cliquez sur le menu *Outils* (au sommet de la fenêtre).
- Cliquez sur la commande *Options*.

- Cliquez sur la catégorie *Texte enrichi*.
- Cliquez sur le petit rond blanc devant l'option *N'envoyer que du texte normal* pour l'activer.
- Cliquez sur le bouton *OK*.

Le problème **Vous recevez des messages contenant des caractères ressemblant à :-) ou :-(**

Explication Ici, il ne s'agit pas du tout d'erreurs.

L'expéditeur du message a introduit des émoticones (smileys en anglais).

Les émoticones ajoutent une émotion, un sentiment, un commentaire difficile à traduire par des mots.

Par exemple
:-) signifie "je suis content".
:-)))))) signifie "je suis très content".
;-) signifie "je blague".
:-(signifie "je suis triste".

Pour interpréter une émoticone, regardez-la en penchant la tête vers la gauche.

Le problème **Vos messages se perdent !**

Explication C'est rare mais il arrive qu'un message s'égare entre Rome et Tokyo alors qu'il devait vous parvenir à Lyon.

Le plus souvent, il est quelque part dans un dossier du logiciel de messagerie.

Solution

Il a peut-être été dirigé par un filtre automatique dans un dossier inapproprié.

Il est possible aussi que le message ait une mauvaise date d'expédition et qu'il se trouve alors classé en fonction de cette date. La date d'expédition du message est celle du système.

Le clavier

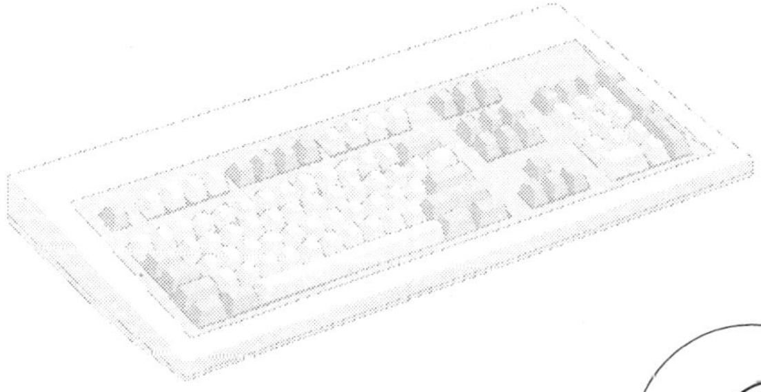

6

Les touches sont disposées en quatre zones

- Les caractères , les lettres, les chiffres (comme sur une machine à écrire).
- Les touches de fonction (elles indiquent F1, F2, … F15).
- Les touches de déplacement du curseur (utilisées par exemple pour déplacer le curseur dans les documents).
- Le pavé numérique (les chiffres).

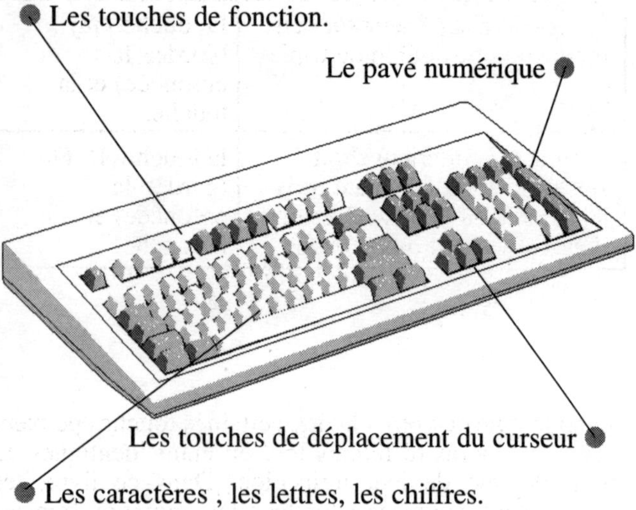

Les touches de la zone "machine à écrire" comportent un, deux ou trois caractères.

Pour obtenir ...	*tapez sur ...*
une lettre en minuscule	la touche de cette lettre
une lettre en majuscule	la touche *Maj* (gardez-la enfoncée) et la lettre.
le caractère inférieur sur une touche affichant deux caractères ou le caractère inférieur gauche sur une touche affichant trois caractères	la touche seule.
le caractère supérieur sur cette même touche double ou triple	la touche *Maj* (gardez-la enfoncée) et la touche.
le caractère inférieur droit sur les touches affichant trois caractères ou le caractère sur la tranche avant de la touche	la touche *Alt Gr* (gardez-la enfoncée) et la touche.

Selon le type de votre clavier, certaines touches peuvent porter des noms différents tout en étant identiques au point de vue de leur utilisation. Dans ce livre, les touches sont indiquées selon leur dénomination française.

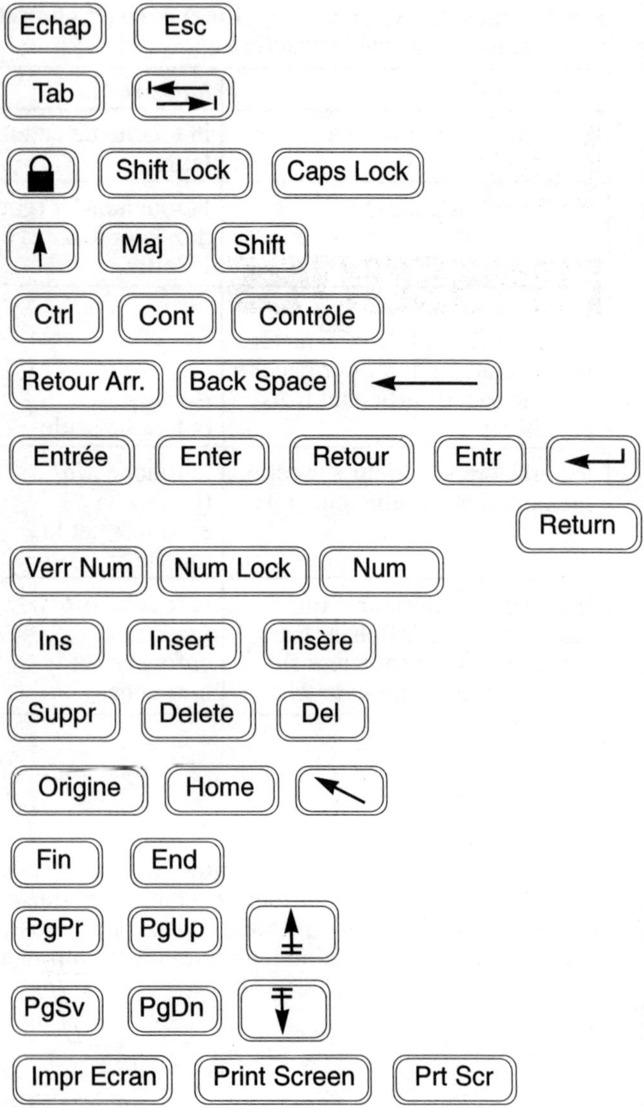
Echap
Esc
Tab
Shift Lock
Caps Lock
Maj
Shift
Ctrl
Cont
Contrôle
Retour Arr.
Back Space
Entrée
Enter
Retour
Entr
Return
Verr Num
Num Lock
Num
Ins
Insert
Insère
Suppr
Delete
Del
Origine
Home
Fin
End
PgPr
PgUp
PgSv
PgDn
Impr Ecran
Print Screen
Prt Scr

Les messages

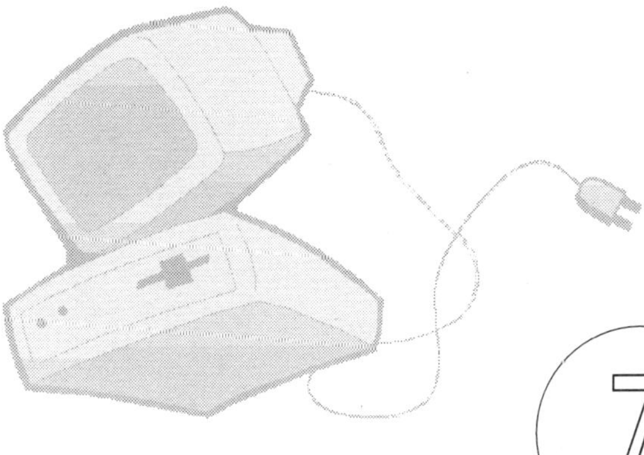

7

Dans les messages d'erreurs présentés ici, (...) remplace une information variable : le nom d'un fichier, d'une imprimante, un code.

Index

Table des matières

1162

MARABOUT

IMPRIMÉ EN FRANCE PAR BRODARD ET TAUPIN
1486X - La Flèche (Sarthe), le 14-12-1999.

pour le compte des
Nouvelles Éditions Marabout
D.L. décembre 1999/0099/212
ISBN : 2-501-03163-6